MOZART:
DIE ZAUBERFLÖTE

(La Flauta Magica)
Opera en Dos Actos

Traducción al Español y Comentarios
por E. Enrique Prado

Libreto por Emmanuel Schikaneder

Jugum Press

ISBN-13: 978-1-939423-67-2
ISBN-10: 1-939423-67-8

Impreso en los Estados Unidos de América
Publicado por Jugum Press
www.jugumpress.com

Cubierta de libro:
Estudio de Composer Wolfgang Amadeus Mozart
de Wikimedia Commons – en.wikipedia.org
(en el dominio público en los Estados Unidos y otros países)

Edición y diseño:
Annie Pearson, Jugum Press
Consultas y correspondencia:
jugumpress@outlook.com

Índice

Prefacio & Die Zauberflöte

El libretista Emanuel Schikaneder concibió *La Flauta Mágica* como una pieza popular, para ser representada en una docena de funciones, en algun teatro de los suburbios de Viena cuando pidió a Mozart que escribiera la música para la misma. La obra está basada en la obra "Lulù oder die Zauberflöte." Su argumento dió pie a infinidad de conjeturas. Muchos quisieron ver en ésta ópera una pieza netamente masónica, otros creyeron que en ella Schikaneder dió rienda suelta a su fantasia, aun cuando dejó que se infiltraran en su desarrollo, en si jocoso, algunos rasgos masónicos de la novela Sethos, del abate Jean Terrasson. En su labor conjunta, el libretista y el compositor lograron crear un caleidoscopio, alegoría de la vida humana, expresión de un genuino humanismo que toca a cada individuo. No es de extrañar pues, que a menudo, aun en personas muy jóvenes. *La Flauta Mágica* se convierta en la primera vivencia operística.

Cuando crearon ésta obra, ni el libretista ni el músico pensaron que sería una obra para la eternidad, sobre todo porque se trataba de una obra popular que se presentaría en un teatro de arrabal ante un público que solo deseaba un rato de entretenimiento, ademas, no perseguían la fama sino sólidos ingresos de taquilla.

La Flauta Mágica es al mismo tiempo sencilla y enigmática, cómica y elevada, primitiva y sabia, terrenal y sobrenatural, ordinaria y rara, ingenua y filosófica. Es el feliz acierto de dos genios. Schikaneder y Mozart que solo se dá una vez. No hay una segunda *Flauta Mágica*, la continuación que intentó Schikaneder con el compositor Peter Winter, despúes e la muerte de Mozart, no resultó.

En cuanto a la creación de *La Flauta Mágica*. Cuenta la leyenda que en 1790, Schikaneder fué a visitar a Mozart a quien conocia desde hacia diez años, para suplicarle que lo ayudara, a salvar su teatro mediante la composición de la música para una obra que habia compuesto. Mozart se mostró indeciso al principio pues nunca habia compuesto una obra de ese género aunque terminó por acceder ante los insistentes ruegos de Schikaneder. La obra se estrenó en el Freihaus Theater auf der Wieden de Schikaneder el 30 de Septiembre de 1791 bajo la dirección de Mozart y la actuación de Schikaneder como Papageno. Este era uno de los grandes teatros de arrabal de Viena con capacidad para un millar de espectadores, tenia dos galerías y una tramoya muy bien equipada a la manera barroca. Esta ópera desde su estreno siempre se ha presentado con un enorme éxito.

Pero quien era Emanuel Schikaneder? Era de Bavaria, nació en Straubing en 1751, cinco años antes que Mozart. Pertenecia a la clase baja y por ser hijo de un sirviente no podia acudir a la escuela con regularidad pero desde temprana edad supo abrirse camino en el mundo. Por largo tiempo trabajó en un grupo de teatro trashumante que tenia un carro pintado con vivos colores y que recorría los villorrios dando funciones. Shikaneder supo hacerse imprescindible pues actuaba, cantaba, escribia, era más inteligente que sus "directores." Era un hombre de teatro nato y poseía ese sentido infalible por los valores y posibles éxitos que daban a la vida teatral encanto y significación. Antes de 3 años ya contaba con su propia compañia de teatro. En 1780 llevó su teatro a Salzburgo, en donde conoció a Mozart y a su familia con quienes entabló una buena amistad.

Schikaneder era un seductor, un tenorio, un hombre emprendedor, payaso y trágico a la vez y en 1785 se hizo cargo de un teatro en Viena, el Theater auf der Wieden situado en un arrabal al sur de la ciudad en donde tuvo éxito creciente. Pertenecia a la Logia Masónica Vienesa.

Mozart fué admitido en la logia masónica vienesa el 14 de Diciembre de 1784 y fué miembro entusiasta de esa sociedad hasta el fin de sus dias. En esa época reinaba en Austria José II, el "Emperador de la Tolerancia" y era bien visto el pertenecer a la masonería. Para pertenecer a ella, toda persona culta cualquiera que fuera su posición, todo partidario del iluminismo que abogara por una "moderada" igualdad de los derechos de los individuos, por un orden de categorías, surgido no ya de la cuna sino del valor humano y del rango intelectual y moral de cada uno, que estuviera dispuesto a remediar la ignorancia, combatir la pobreze, proscríbir los prejuicios raciales, dejar via libre a los capaces. Esos eran principios que aun podían tener hasta cierto grado el apoyo de la aristocracia y del propio emperador. Y asi en la Viena de los años ochenta encontramos que los círculos más elevados miraban con simpatía a la masonería, mas aun, en parte eran miembros de ella. Su conductor espiritual era un hombre importante de la capa superior, Ignaz von Born, un mineralogista muy distinguido, bondadoso, noble y sabio, no era dificil descubrir en él el arquetipo de Sarastro de *La Flauta Mágica*. La masóneria era una asociación intelectual, en parte de hombres muy importantes; que no estaban interesados en una revolución violenta, sino en la socavación ideológica de los sistemas caducos, en la erección de nuevos edificios de ideas que debían constituir el fundamento de un mundo transformado e ilustrado. Su lucha perseguía hacer prevalecer nuevas ideas e ideales que por si mismos conducirían a un nuevo orden en la sociedad.

Su aspiración era entronizar la razón, la capacidad, el caracter, el talento en sus puntos mas altos donde hasta ese momento habían regido la cuna, el privilegio de la fortuna y de la herencia; no negar un poder divino por encima del espacio sideral y de la esfera terrestre, pero si restringir la arrogación de privilegios de sus representantes terrenales.

Traducción y comentarios por
E. Enrique Prado Alcalá
Tepoztlán, Marzo de 1999

Sinopsis & Die Zauberflöte

Opera en dos actos, libreto Emanuel Schikaneder compuesto en 1791,
música de Wolfgang Amadeus Mozart.
El escenario es en el mundo de la fantasía en el antiguo Egipto.

Acto Primero

ESCENA I. *Un paisaje rocoso con árboles y colinas en ambos lados.*
Hay también un templo circular.

Entra Tamino lleno de pánico, perseguido por una enorme serpiente. El grita pidiendo ayuda y cae desvanecido. En respuesta a sus gritos, aparecen Las Tres Damas (asistentes de la Reina de la Noche) y dan muerte a la serpiente cortandola en dos partes. Ellas se alegran de haber salvado al apuesto joven y admiran su hermosura preguntándose si él podria ser un alivio para las penas de la Reina de la Noche, luego discuten quien de las tres se quedará a cuidar de Tamino, mientras las otras dos van a informar a la Reina de los hechos. Finalmente parten las tres admitiendo su amor por el joven.

Tamino despierta sin saber que sucedió y se sorprende al ver muerta a la serpiente, a la distancia se escucha una flauta, el joven se aleja.

Aparece Papageno una extraña criatura mitad hombre, mitad pájaro y se anuncia como el proveedor de pájaros de la Reina de la Noche, al ver a Tamino le dice que él fué quien lo salvó al matar a la serpiente pero ésta mentira es castigada por las Tres Damas que regresan y le ponen un candado en la boca. Las Tres Damas cuentan a Tamino cómo lo salvaron de la serpiente y le informan que La Reina de la Noche le envía un retrato de su hija. Si Tamino no se muestra indiferente ante el retrato, le esperan la dicha, el amor y la fama. Las Damas y Papageno dejan solo a Tamino quien jura amor eterno a la dama del retrato.

Regresan las Damas para informar a Tamino, que Pamina, la dama del retrato, ha sido hecha prisionera por Sarastro, gran sacerdote del sol y malévolo mago. Tamino anuncia que la liberará de su cautiverio. Aparece la Reina de la Noche quien le cuenta a Tamino del rapto de su hija y de todo el dolor que sufre por esta razón, le pide que la rescate del malvado Sarastro y se la promete como esposa si él llega a triunfar en el rescate.

La Reina de la Noche desaparece y Papageno le suplica a Tamino que lo libere del candado en la boca, reaparecen las Tres Damas y liberan al hombre pájaro del candado le entregan a Tamino una flauta de oro instrumento mágico regalo de la Reina de la Noche con el cual será omnipotente. A Papageno le entregan unas campanas mágicas y le ordenan que acompañe a Tamino en la lucha por el rescate de Pamina. Las Damas, Papageno y Tamino parten.

ESCENA II. *El palacio de Sarastro, en una sala ricamente decorada en donde se encuentra Pamina que ha sido sorprendida en un intento de fuga por Monostatos el sirviente moro de Sarastro.*

Monostatos está enamorado de la joven y despide a los esclavos de la sala para quedarse solo con ella que ha caido desvanecida; pero entra Papageno que se na introducido clandestinamente en el palacio el moro y el hombre pájaro se miran sorprendidos uno al otro y ambos huyen despavoridos en direcciones opuestas porque piensan que se han encontrado al diablo. Papageno regresa y le cuenta a Pamina de como Tamino se enamoró de ella al ver su retrato y le informa que ya viene a rescatarla.

ESCENA III. *Un bosque y al fondo tres templos con una inscripción sobre su portal, en uno dice: Templo de la Sabiduria, en otro Templo de la Razón y en el tercero, Templo de la Naturaleza.*

Tamino ha sido guiado hasta éste lugar por tres niños a quienes les pregunta si podrá salvar a Pamina pero ellos no le contestan y lo exhortan a que se conduzca con paciencia, constancia y discreción.

ESCENA IV. *En el interior de un templo.*

Tamino contempla las puertas sorprendido ya que en vez de la fortaleza de ladrones que esperaba encontrar, de acuerdo con las referencias de la Reina, ha llegado a un lugar que toma como asiento de los dioses. Golpea a una e las puertas y la voz de alguien invisible le ordena ¡Atras! Lo mismo le ocurre cuando golpea otra de las puertas, pero cuando llama en la central, la del templo de la sabiduría aparece Orador, un sacerdote de digna estampa con quien conversa y así se dá cuenta de que Sarastro es todo lo contrario de lo que le dijo la Reina y lo que ocurre es que Sarastro mantiene a Pamina en su palacio, para alejarla de la nefasta influencia de su madre.

Tamino escucha unas voces que vienen de adentro del templo que le aseguran Pamina vive entonces él toca su flauta en agradecimiento a los dioses y llegan animales de muchas especies a escucharlo. Enseguida llega Papageno corriendo, acompañado de Pamina, pero ya no alcanzan a Tamino que se ha marchado. Acto seguido llega Monostatos quien ordena a los esclavos traigan cuerdas y grilletes para sujetarlos, Papageno recuerda sus campanitas mágicas, las hace sonar lo que ocasiona que sus perseguidores se pongan a bailar.

Sarastro llega entre aclamaciones, Pamina se arrodilla ante él y confiesa su intención de fugarse ante el constante asedio del moro. Sarastro le dice que él sabe a quién ella debe darle su amor... y que aun no es tiempo de que le devuelva su libertad. Entretanto, Monostatos ha capturado a Tamino y lleno de orgullo lo conduce hasta Sarastro; Tamino y Pamina, se miran por primera vez, Monostatos se interpone enfurecido cuando los jovenes intentan abrazarse. El moro pide un severo castigo para Tamino, pero Sarastro ordena un castigo de setenta latigazos en las plantas de los pies para Monostatos por haber tenido deseos carnales hacia Pamina.

Sarastro entonces ordena que Tamino y Papageno sean llevados a los templos de "las pruebas" para que demuestren que son merecedores del reconocimiento del gran sacerdote.

Acto Segundo

ESCENA I. *Paisaje de palmeras.*

A los acordes de una marcha solemne hacen su entrada un grupo de sacerdotes seguidos por Sarastro. Sarastro presenta a Tamino como aspirante a la "iniciación," se le hacen tres preguntas que contesta acertadamente y es despedido en compañia de Papageno.

ESCENA II. *Atrio del templo.*

Tamino y Papageno son introducidos al templo con la cabeza cubierta, enmedio del fragor de una tormenta de rayos y truenos. Han comenzado las pruebas. Tamino declara que buscará la amistad y el amor, en cambio Papageno demuestra ser un hombre primitivo que se contenta con dormir comer y beber y si alguna vez encuentra a una joven y bella damita... pues ... Eso no será posible sin las pruebas le aclaran los sacerdotes pero para estimularlo le hacen entrever que Sarastro ha escogido una doncella para él, identica a Papageno en su naturaleza y vestimenta, y llamada por añadidura: Papagena.

La primera prueba impuesta es la de un silencio absoluto. Tamíno verá a Pamina pero no podrá hablarle y Papageno tambien deberá guardar silencio.

Apenas se han marchado los sacerdotes y el Orador, aparecen las tres Damas y advierten a Tamino y Papageno de los graves peligros que les aguardan, pero Tamino no las escucha y más de una vez debe reconvenir a Papageno por romper su promesa de silencio. Las tres damas son descubiertas y arrojadas fuera entre rayos y truenos. Papageno se desmaya. Se presentan dos sacerdotes, felicitan a Tamíno por constancia y lo conducen junto con Papageno para el cumplimiento de las pruebas sucesivas.

ESCENA III. *Un jardín. Pamina duerme. Monostatos entra silenciosamente.*

Monostatos canta quedamente una canción sobre las añoranzas del amor. Se aproxima a Pamina y aparece la Reina de la Noche entre retumbar de rayos y truenos, el moro se esconde y Pamina se arroja en los brazos de su madre. Esta ha traído consigo un puñal y se lo entrega a Pamina para que mate con él a Sarastro. La Reina desaparece, Pamina contempla el puñal pero no se siente capaz de cometer el crimen Monostatos que lo ha escuchado todo intenta sobornarla, solamente a cambio de su amor, el moro estará dispuesto a no revelar a Sarastro el siniestro plan. Pamina no cede. En el colmo de su ira Monostatos le arrebata el puñal y amenaza con matarla con él, pero Sarastro se interpone y echa fuera al moro.

Pamina implora clemencia para su madre, Sarastro la tranquiliza; en su Templo, no se conoce la palabra "venganza."

Escena IV. *En el interior de un templo.*

Tamino y Papageno cumplen la siguiente etapa de su periodo de prueba. Papageno no deja de parlotear consigo mismo y con Tamino. Se queja de que ni siquiera le han dado agua, entonces se acerca una ancianita con un cántaro y asegura que solo tiene dieciocho años y dos minutos de edad y que tiene un amante que se llama Papageno.

Los tres niños se presentan de nuevo en una máquina voladora, traen la flauta y las campanitas que les fueron quitadas a Tamino y Papageno y por arte de magia hacen aparecer una mesa provista con deliciosos manjares y vinos, Papageno de inmediato hace honores a la comida.

Mientras Tamino toca la flauta meditabundo. Aparece Pamina y quiere ir gozosa al encuentro de Tamino que la rechaza dulcemente sin pronunciar palabra. Papageno tampoco contesta las preguntas de Pamina.

Pamina cree que que Tamino ya no la ama y expresa estos dolorosos pensamientos en una aria y luego se marcha muy triste.

ESCENA V. *En el Templo.*

Un coro de sacerdotes expresa la esperanza de ver pronto a un Tamino digno de ellos. A una señal de Sarastro Tamino es introducido en el recinto. Todavia le quedan por recorrer dos senderos peligrosos. A una señal de Sarastro, traen a Pamina, la joven le pregunta por el paradero de su doncel y Sarastro le responde que la espera para "el último adios."

Sarastro les dice: Volveremos a vernos y acto seguido se llevan a Pamina y Tamino es conducido por el sumo sacerdote a las siguientes pruebas.

ESCENA VI. *Un salón.*

Papageno canta la necesidad que tiene de una pareja y súbitamente se aparece ante él la ancianita que conoció anteriormente, él se sorprende y se decepciona pero la viejecita se convierte en una hermosa muchacha vestida como él, Papageno intenta abrazarla, pero se lo impiden y el Orador le dice que todavía no es digno de ella.

ESCENA VII. *Un jardín.*

Los tres niños encuentran a Pamina muy triste e impiden que cometa suicidio con el puñal que le dió su madre y le aseguran que Tamino la ama, luego la conducen al encuentro con Tamino

ESCENA VIII. *En la entrada de un templo, dos hombres en armadura.*
Tamino es introducido por los sacerdotes.

Al llegar Tamino a la puerta oye la voz de Pamina que lo llama, ahora a Tamino ya se le permite hablarle. Los amantes se encuentran y juntos tienen que pasar las pruebas del fuego y del agua y cuando lo hacen la triunfal pareja es saludada por los coros solemnes de los sacerdotes.

En esta forma Tamino ha sido acogido en el círculo de los iniciados por su inteligencia superior y atraves del sufrimiento y la experiencia ha encontrado a la compañera que está a su nivel. No cabe duda que ambos jugarán un papel importante para la humanidad y algun dia podrán reemplazar a Sarastro cuando éste llegue a la senectud.

Aun quedan los otros dos mundos involucrados en *La Flauta Mágica*: el "inferior" aunque bueno y natural de Papageno y el "noctumo," pernicioso de la Reina de la Noche.

Papageno busca a su Papagena y al no encontrarla, intenta suicidarse pero intervienen los tres niños y le recomiendan que encuentre a su amada usando las campanitas, él las hace sonar y aparece Papagena ambos se unen alegremente cantando a dueto, en el que expresan su deseo de ver bendecida su unión con un pequeño Papageno, luego una pequeña Papagena y asi sucesivamente con la sana alegria de dos criaturas primitivas.

ESCENA IX. *Frente al Templo.*

Es la fantasmagórica noche alumbrada por las antorchas de la Reina y su séquito (las Tres Damas y Monostatos que se ha unido a ellas) buscan una entrada secreta para infiltrarse en la ciudad sagrada de Sarastro. El moro le recuerda a la Reina, que le ha prometido la mano de Pamina si el asalto proyectado resulta. Los "malos" no llegan lejos, un imponente fragor como de olas gigantescas los hace retroceder y entre rayos y truenos de una descomunal tempestad son lanzados al abismo.

Ahora el camino está abierto para la entrada de los jovenes enamorados, los tres niños, tos sacerdotes y la gente. Son recibidos por Sarastro sentado en el trono del sol y la ópera termina con un majestuoso coro que celebra la victoria de Isis y Osiris sobre los poderes de la obscuridad y destina a Tamino y Pamina al amor y a la luz.

FIN

Reparto ଞ Die Zauberflöte

SARASTRO – El Gran Sacerdote, Bajo
TAMINO – Un Príncipe, Tenor
ORADOR – Bajo
LA REINA DE LA NOCHE – Soprano
PAMINA – Hija de la Reina, Soprano
LAS TRES DAMAS DE LA REINA – Sopranos
PAPAGENA – Una mujer vieja, Soprano
PAPAGENO – Baritono
MONOSTATOS – Sirviente de Sarastro, Tenor
PRIMER SACERDOTE – Tenor
TERCER SACERDOTE – Bajo
TRES NIÑOS – Sopranos
PRIMER HOMBRE DE ARMAS – Tenor
SEGUNDO HOMBRE DE ARMAS – Bajo
CORO: sacerdotes, esclavos y cortejo

Libreto ☙ Die Zauberflöte

Acto Primero

ESCENA I.

Una región rocosa, en la que crecen acá y allá algunos árboles. Montañas a ambos lados.
También hay un templo circular. Tamino desciende de una roca;
en la mano lleva un arco, pero sin flechas. Una serpiente le persigue.

TAMINO

Zu Hülfe! Zu Hülfe! Sonst bin ich venoren!
der listigen Schlange zum Opfer erkoren!
Barmherzige Götter!
Schon nahet sie sich.
Ach rettet mich: ach schützet mich!

1. ¡Socorro! ¡Socorro! ¡Estoy perdido!
    ¡Esa astuta serpiente me ha elegido
    por víctima!
    ¡Dioses misericordiosos! ¡Ya se acerca!
    ¡Ay, salvadme! ¡Ay, protegedme!

Se desmaya. Se abre la puerta del templo; tres damas cubiertas con velos salen de él;
cada una lleva una jabalina de plata.

LAS TRES DAMAS

Stirb, Ungeheuer, durch unsere Macht!

Triumph! Triumph! Sie ist vollbracht.
Die Heldenthat. Er ist befreyt
Durch unsres Armes Tapferkeit.

2. ¡Muere, monstruo, nuestro poder te mata!
    (Parten la serpiente en dos.)
    ¡Victoria! ¡Victoria!
    ¡La hazaña se ha cumplido! ¡Ahora él está
    libre gracias a la valentía de nuestro brazo!

PRIMERA DAMA

Ein holder Jüngling, sanft und schön.

(Contemplando a Tamino.)
3. ¡Un joven apuesto, delicado y bello!

SEGUNDA DAMA

So schön als ich noeh nie geseh'n.

4. ¡Tan bello como jamás vi otro!

TERCERA DAMA

Ja, ja gewiss zum Mahlcm schön.

5. ¡Sí, sí! ¡Bello como para pintarlo!

LAS TRES DAMAS
Würd' ich mein Hertz der Liebe weih'n
so müsst es dieser Jüngling seyn.
Lasst uns zu unsrer Fürstin eilen,
ihr diese Nachricht zu erteilen,
vielleicht, dass dieser schöne Mann
die vor'ge Ruh' ihr geben kann.

PRIMERA DAMA
So geht und sagt es ihr!
Ich bleib' indessen hier.

SEGUNDA DAMA
Nein, nein! Geht ihr nur hin,
ich wache hier für ihn.

TERCERA DAMA
Nein, nein, das kann nicht seyn,
ich schütze ihn allein.

PRIMERA DAMA
Ich bleib'indessen hier...

SEGUNDA DAMA
Ich wache hier für ihn!

TERCERA DAMA
Ich schütze ihn allein!

PRIMERA DAMA
... ich bleibe!

SEGUNDA DAMA
... ich wache!

TERCERA DAMA
... ich schütze!

LAS TRES DAMAS
... Ich, ich, ich! ...

Ich sollte fort? ich sollte fort?
Ei, ei! Wie fein.
Sie wären gern bai ihm allein.

6. Si consagrase mi corazón al amor,
el elegido sería este joven.
Vayamos donde está nuestra princesa
a comunicarle la noticia,
tal vez este hermoso joven
pueda devolverle la calma perdida.

7. Id, pues, y decídselo.
Yo me quedaré aquí con él.

8. ¡No, no! Id vosotras.
¡Yo velaré aquí por él!

9. ¡No, no! Eso no puede ser.
Yo le protegeré sola.

10. ¡Pues yo me quedo aquí!

11. ¡Pues yo le velaré!

12. ¡Yo sola le protegeré!

13. ... Yo me quedo aquí!

14. ... ¡Le velaré yo!

15. ... ¡Yo le protegeré!

16. ... Yo, yo, yo! ...
(*Cada una para sí.*)
¡Irme yo?
¡Ah, ah! ¡Qué bien! ¡A ellas les gustaría
quedarse a solas con él!

LAS TRES DAMAS (*continuato*)

Nein, nein, das kann nicht seyn.	¡No, no, esto no puede ser!
Sie wären gern ...	¡Qué no daría yo ...
Was wollte ich darum nicht geben	por poder vivir con este joven!
könnt ich mit diesem Jüngling leben!	¡Por tenerle para mí sola!
Hätt' ich ihn doch so ganz allein!	¡Pero ninguna se va, y no puede ser!
Doch keine geht. Es kann nicht seyn!	Lo mejor es que me vaya yo.
Am besten ist es nun ich geh', ich geh'!	(*En voz alta a Tamino.*)
Du Jüngling, schön und liebevoll,	Oh joven, bello y amable,
du trauter Jüngling, lebe wohl!	oh joven querido, ¡adiós!
Bis ich dich wiederse'!	¡Hasta que vuelva a verte!

Las tres se dirigen hacia la puerta del templo, que vuelve a cerrarse.

Papageno aparece por un camino, llevando en la espalda una gran jaula con algunos pájaros.
En las manos lleva una flauta de Pan. Va completamente cubierto de plumas.

PAPAGENO

Der Vögelfänger bin ich ja,	17. Yo soy el pajarero, siempre alegre,
Stets lustig, heisa! hopsasa!	¡tra la ra la!
Der Vögelfänger ist bekannt	Como pajarero soy conocido
Bey Alt und Jung im ganzen Land.	por viejos y jóvenes en todo el país.
Weiss mit dem Locken umzugeh'n,	Sé cazar con reclamo
Und mich aufs Pfeifen zu versteh'n.	y me las arreglo tocando la flauta.
Drum kann ich froh und lustig seyn;	Puedo estar alegre y contento,
Denn alle Vögel sind ja mein.	porque todos los pájaros son míos.
Der Vögelfänger bin ich ja,	Yo soy el pajarero, siempre alegre,
Stets lustig, heisa! Hopsasa!	¡tra la ra la!
Der Vögelfänger ist bekannt	Como pajarero soy conocido
Bey Alt und Jung im ganzen Land.	por viejos y jóvenes en todo el país.
Ein Netz für Mädchen möchte ich;	¡Me gustaría tener una red para
Ich fing' sie dutzendweis für mich.	muchachas, las cazaría por docenas!
Dann sperrte ich sie bey mir ein,	Luego las encerraría en mi casa
Und alle Mädchen wären mein.	y todas ellas serían mías.
Wenn alle Mädchen wären mein,	Si todas las muchachas fueran mías,
so tauschte ich brav Zucker ein,	las cambiaría por azúcar:
die welche mir am liebsten wär',	y a la que yo más quisiera
der gäb' ich gleich den Zucker her.	le daría enseguida todo el azúcar.
Und küsste sie mich zärtlich dann,	Entonces me besaría con delicadeza,
wär' sie mein Weib und ich ihr Mann.	sería mi mujer y yo su marido.
Sie schlief' an meiner Seite ein,	Dormiría a mi lado
ich wiegte wie ein Kind sie ein.	y la acunaría como a una niña.

TAMINO
He da!

PAPAGENO
Was da?

TAMINO
Sag mir du lustiger Freund,
wer du bist?

PAPAGENO
Wer ich bin? Dumme Frage!
Ein Mensch, wie du.
Wenn ich dich nun fragte, wer du bist?

TAMINO
So würde ich dir antworten, dass ich aus
fürstlichem Geblüte bin.

PAPAGENO
Das ist mir zu hoch.
Musst dich deutlicher erklären,
wenn ich dich verstehen soll!

TAMINO
Mein Vater ist Fürst, der über viele Länder
und Menschen herrscht;
darum nennt man mich Prinz.

PAPAGENO
Länder?
Menschen?
Prinz?

TAMINO
Daher frag' ich dich!

PAPAGENO
Langsam! lass mich fragen.
Sag du mir zuvor:
Gibt's ausser diesen Bergen
auch noch Länder und Menschen?

TAMINO
Viele Tausende!

18. ¡Eh, tú!

19. ¿Quién está ahí?

20. Dime, alegre amigo,
¿quién eres?

21. ¿Que quién soy yo? ¡Vaya pregunta!
Pues un hombre, como tú.
¿Y si yo también te preguntara quién eres?

22. Te respondería que soy de sangre
principesca.

23. Eso es demasiado elevado para mí.
Tienes que hablar más claro
si quieres que te entienda.

24. Mi padre es un príncipe que reina sobre
muchos países y personas;
por ello me llaman Príncipe.

25. ¿Países?
¿Personas?
¿Príncipe?

26. Por eso te pregunto.

27. ¡Despacio! ¡Déjame preguntar a mí!
Dime antes una cosa:
¿Hay, aparte de estas montañas,
otros países y otras personas?

28. ¡Muchos millares!

PAPAGENO

Da liess sich eine Speculation
mit meinen Vögeln machen.

TAMINO

Nun sag' du mir,
in welcher Gegend wir sind.

PAPAGENO

In welcher Gegend?
Sieht sich um Zwischen Thälern und Bergen.

TAMINO

Schon recht! Aber wie
nennt man eigentlich diese Gegend?
Wer beherrscht sie?

PAPAGENO

Das kann ich dir eben so wenig beantworten,
als ich weiss, wie ich auf die Welt
gekommen bin.

TAMINO

Wie? Du wüsstest nicht, wo du geboren,
oder wer deine Eltern waren?

PAPAGENO

Kein Wort!
Ich weiss nicht mehr, und nicht weniger, als
dass mich ein alter, aber sehr lustiger Mann
auferzogen, und ernährt hat.

TAMINO

Das war vermuthlich dein Vater?

PAPAGENO

Das weiss ich nicht.

TAMINO

Hattest du denn deine Mutter nicht
gekannt?

29. Entonces sería posible
hacer negocios con mis pájaros

30. Ahora dime tú,
¿en qué región nos encontramos?

31. ¿En qué región?
Entre valles y montañas.

32. Sí, claro. Pero,
¿cómo se llama exactamente esta región?
¿Quién reina en ella?

33. No puedo responderte a esa pregunta,
como tampoco podría si me preguntases
cómo vine al mundo.

34. ¿Qué dices? ¿No sabes dónde has nacido
ni quienes son tus padres?

35. Ni una palabra.
Lo único que sé es que un hombre mayor
pero de carácter jovial me
crió y alimentó.

36. Probablemente era tu padre.

37. No lo sé.

38. ¿No conociste, pues, a tu madre?

PAPAGENO

Gekannt hab' ich sie nicht;
erzählen liess ich mir's einige Mahl, dass
meine Mutter einst da in diesem
verschlossenen Gebäude bey der nächtlich
sternflammenden Königinn gedient hätte.
Ob sie noch lebt, oder was aus ihr geworden
ist, weiss ich nicht.
Ich weiss nur so viel, dass nicht weit von hier
meine Strohhütte sieht, die mich vor Regen
und Kälte schützt.

TAMINO

Aber wie lebst du?

PAPAGENO

Von Essen und Trinken, wie alle Menschen.

TAMINO

Ich bin ein Prínz?

PAPAGENO

Hm, hm.

TAMINO

Und wie lebst du?

PAPAGENO

Wie ich lebe?
Von Essen und Drínken wie alle menschen.
Ich fange für die stern flammende Königin
und íhre Jungfrauen verschiedene Vögel;
dafür erhalt' ich täglich Speis'
und Trank von ihr.

TAMINO

Sternflammende Königin! Wenn es etwa gar
die mächtige Herrscherin der Nacht wäre!

Sag mir, guter Freund, warst du schon so
glücklich, diese Göttin der Nacht zu sehen?

39. No, no la conocí.
Una vez me explicaron que mi madre había
sido sirvienta en este edificio cerrado, de la
Reina que ilumina la noche con estrellas
rutilantes.
Pero no sé si todavía está viva o qué ha
podido sucederle.
Sólo sé que no lejos de aquí está
mi cabaña de paja que me protege
de la lluvia y del frío.

40. Pero, ¿de qué vives?

41. De comida y bebida, como todos los
hombres.

42. ¿Y cómo lo consigues?

43. Hm, hm.

44. ¿Y de qué vives tu?

45. ¿De qué vivo?
De comer y beber como todos los hombres.
Yo atrapo pájaros para, la Reina refulgente
de estrellas y sus jovenes damas
y recibo a cambio, todos los días
comida y bebida de ellas.

(Sorprendido; para sí.)
46. ¡La Reina de las estrellas rutilantes!
Podría ser... ¡la poderosa Reina de la Noche!
(En voz alta.)
Dime, buen amigo, ¿has tenido ya la fortuna
de ver a esa Diosa de la Noche?

PAPAGENO

Deine letzte alberne Frage überzeugt mich,
dass du aus einem fremden Lande
geboren bist.

TAMINO

Sei darüber nicht ungehalten, lieber Freund!
Ich dachte nur.

PAPAGENO

Sehen?
Die sternflammende Königinn sehen?
Wenn du noch mit einer solchen albernen
Frage an mich kommst, so sperr' ich dich, so
wahr ich Papageno heisse, wie einen Gimpel
in mein Vogelhaus, verhandle dich dann mit
meinen übrigen Vögeln an die nächtliche
Königinn und ihre Jungfrauen, dann mögen
sie dich meinetwegen sieden oder braten.

TAMINO

Ein wunderlicher Mann!

PAPAGENO

Sehen?
Die sternflammende Königin sehen?
Welcher Sterbliche kann sich rühmen,
sie je gesehen zu haben?
Welches Menschen Auge würde durch
ihren schwarz durchwebten Schleyer
blicken können?

TAMINO

Nun ist's klar; es ist eben diese nächtliche
Königinn, von der mein Vater mir so oft
erzählte.
Aber zu fassen, wie ich mich hierher
verirrte, ist ausser meiner Macht.
Unfehlbar ist auch dieser Mann kein
gewöhnlicher Mensch.
Vielleicht einer ihrer dienstbaren Geister.

47. Esa pregunta boba que acabas de hacerme
me ha convencido de que naciste en
un país extranjero.

48. No te enfades por ello, querido amigo!
Sólo estaba pensando

49. ¿Ver?
¿Ver a la Reina de las estrellas rutilantes?
Si vuelves a hacerme una pregunta tan
tonta como ésa te aseguro,
como me llamo Papageno, que te encerraré
como un pinzón en mi pajarera y te venderé
con mis otros pájaros a la Reina de la Noche
y a sus damas, y por mí, pueden cocerte
o asarte.

(Para sí)
50. ¡Qué hombre tan curioso!

51. ¿Verla?
¿Ver a la Reina de las estrellas rutilantes?
¿Qué mortal puede jactarse
de haberla visto alguna vez?
¿Qué ojo humano podría verla a través
de su velo tupido y negro?

(Para sí)
52. Ahora ya lo sé: se trata de aquella Reina
de la Noche de quien mi padre me hablaba
tan a menudo.
Pero lo que no puedo comprender
es cómo he podido llegar hasta aquí.
Este hombre no es una persona corriente,
es evidente... quizás es uno de los espíritus
que le sirven.

PAPAGENO

Wie der mich so starr anblickt!
Bald fang' ich an, mich vor ihm zu fürchten.

Warum sihest du so verdächtig und
schelmisch nach mir?

TAMINO

Weil.
Weil ich zweifle, ob du Mensch bist.

PAPAGENO

Wie war das?

TAMINO

Nach deinn Federn die dich bedecken
halt' ich dich...

PAPAGENO

Doch für keinen Vögel?
Bleib zurück, sag' ich dir, und traue mir
nicht du, denn ich habe Riesenkraft.
Wenn ich jemand packe.
Wenn er sich nicht bald von mir schrecken
lässt, so lauf' ich davon.

TAMINO

Riesenkraft?

Also warst du wohl gar mein Erretter,
der diese giftige Schlange bekämpfte?

PAPAGENO

Schlange?
Ist sie todt oder, lebendig?

TAMINO

Du willst durch deine bescheidene Frage
meinen Dank ablehnen aber ich muss dir
sagen, dass ich ewig für deine so tapfere
Handlung dankbar seyn werde.

(Para sí, desconfiado.)

53. ¿Por qué me mira tan fijamente?
Si sigue así, pronto me dará miedo.
(En voz alta.)
¿Por qué me miras con ojos de sospecha,
como si desconfiaras de mí?

54. Porque dudo de que...
de que seas una persona.

55. ¿Qué estás diciendo?

56. A juzgar por las plumas que te cubren
podrías ser un...

57. ¿No pensarás en un pájaro?
¡Márchate por donde has venido,
y no te fíes de mí, pues tengo la fuerza de un
gigante si agarro a alguien!
(Para sí)
Si eso no le asusta, empezaré a correr.

58. ¿Una fuerza de gigante?
¡Entonces tú has sido sin duda mi salvador,
quien ha luchado con esta malvada
serpiente?

59. ¿Serpiente?
¿Dónde? ¿Está viva o muerta?

60. Con tus humildes preguntas quieres
evitar que te dé las gracias.
Pero debo decirte que te estaré eternamente
agradecido por tu valiente acción.

PAPAGENO

Schweigen wir davon still
Freuen wir uns, dass sie glücklich
überwunden ist.

TAMINO

Aber um alles in der Welt, Freund!
Wie hast du dieses Ungeheuer bekämpft?
Du bist ohne Waffen.

PAPAGENO

Brauch keine!
Bey mir ist ein starker Druck mit
der Hand mehr, als Waffen.

TAMINO

Du hast sie also erdrosselt?

PAPAGENO

Erdrosselt!

Bin in mainem.
Leben nicht so stark gewesen, als heute.

*Reaparecen las tres damas. La primera trae un cántaro con agua la segunda una piedra
y la tercera un candado y un medallón con un retrato. Todas traen velado el rostro.*

LAS TRES DAMAS
Papageno!

PAPAGENO

Aha! Das geht mich an.
Sieh dich um, Freund!

TAMINO

Wer sind diese Damen?

PAPAGENO

Wer sie eigentlich sind,
weis ich selbst nicht.
Ich weis nur so viel, dass sie mir
täglich meine Vögel abnehmen,
und mir dafür Wein, Zuckerbrod,
und süsse Feigen bringen.

61. Pues no se hable más.
Alegrémonos de haberla vencido
tan felizmente.

62. Pero, por lo que más quieras en este mundo,
dime amigo, ¿cómo has vencido
a este monstruo? ¡No llevas armas!

63. ¡No las necesito!
Una fuerte presión
de mis manos vale más que todas las armas.

64. ¿La has estrangulado?

65. ¡Estrangulado!
(Para sí)
En mi vida había tenido tanta
fuerza como hoy.

66. ¡Papageno!

67. ¡Ah, eso es para mí!
Mira a tu alrededor, amigo.

68. ¿Quiénes son esas damas?

69. Quiénes son en realidad, no lo sé.
Lo único que sé es que cada día se llevan mis
pájaros, y a cambio me traen
vino, pan de azúcar y dulces higos.

TAMINO

Sie sind wohl sehr schön.

PAPAGENO

Das denke ich nicht!
Denn wenn sie schön wären, würden sie
doch ihre Gesichter nicht bedecken.

LAS TRES DAMAS

Papageno!

PAPAGENO

Sei still! Sie drohen mir schon. Du fragst ob
sie schön sind, und ich kann dir darauf
nichts antworten, als dass ich in meinem
Leben nichts Reizenderes sah.

Jetzt werden sie bald wieder gut werden.

LAS TRES DAMAS

Papageno!

PAPAGENO

Was muss ich denn heute verbrochen haben,
dass sie gar so aufgebracht wieder mich sind?
Hier eine Schönen, übergeb' ich mein Vögel.

PRIMERA DAMA

Dafür schickt dir unsere Fürstin heute
zum ersten Mal statt Wein reines,
helles Wasser.

SEGUNDA DAMA

Und mir befahl sie, dass ich, statt
Zuckerbrot, diesen Stein dir überbringen
soll. Ich wünsche, dass er dir
wohlbekommen möge.

PAPAGENO

Was? Steine soll ich fressen?

TERCERA DAMA

Und statt der süssen Feigen
hab' ich die Ehre, dir dies goldene
Schloss vor der Mund zu Schlagen.

70. ¿Sin duda serán muy hermosas?

71. ¡No lo creo!
Pues si fueran hermosas no cubrirían
sus rostros.

72. ¡Papageno!

73. ¡Silencio! Ya están amenazándome.
Me preguntas si son hermosas,
y sólo puedo responderte que en toda
mi vida no he visto nada tan encantador.
(Para sí)
Pronto se les pasará la rabieta.

74. ¡Papageno!

75. ¿Qué delito habré cometido hoy,
para que estéis tan irritadas conmigo?
Eh, hermosas, aquí os entrego mis pájaros.

(Le entrega una botella de agua.)
76. Hoy, en vez de vino, nuestra princesa te
envía por primera vez agua pura y clara.

77. Y a mí me ha ordenado que en lugar de pan
de azúcar te dé esta piedra. Te deseo que te
siente bien.

78. ¿Cómo? ¿Ahora tengo que comer piedras?

79. Y en vez de dulces higos,
tengo el honor de cerrarte la boca
con este candado de oro.

Le pone el candado. Con la boca cerrada, Papageno indica su desconsuelo con gestos.

PAPAGENO
Mmm, mmm.

80.   ¡Hm, hm!

PRIMERA DAMA
Du willst vermutlich wissen warum
die Fürstin dich heute so wunderbar bestraft?

81.   Seguramente querrás saber por qué
nuestra princesa te castiga
de un modo tan raro.

Papageno asiente con la cabeza.

SEGUNDA DAMA
Damit du künftig nie mehr Fremde belügst.

82.   ¡Para que en el futuro no vuelvas a mentir a
un forastero!

TERCERA DAMA
Un dass du dich nie der Heldenthaten
rühmst, die ander vollzogen.

83.   Y para que no te jactes de las proezas que
han realizado otros.

PRIMERA DAMA
Sag' an! Hast du diese Schlange bekämpft?

84.   ¡Dime! ¿Has vencido tú a esta serpiente?

Papageno lo niega con la cabeza.

SEGUNDA DAMA
Wer denn also?

85.   ¿Quién ha sido, pues?

Papageno indica con movimientos de cabeza que no lo sabe.

TERCERA DAMA
Wir waren's Jüngling, die dich befreyten.
Hier, dies Gamtälde schickt dir die grosse
Fürstin; es ist ein Bildnis ihrer Tochter
Pamina.
Gleichgültig sind, dann ist Glück,
Ehr' und Ruhm dein Loos.
Auf Wiedersehen.

86.   (A Tamino)
Nosotras fuimos, joven, las que te liberamos.
No tiembles. Te aguardan alegrías y placeres.
Ese medallón, que nuestra Princesa te envía,
es el retrato
de su hija. Si estas facciones no te dejan
indiferente, serán tu destino el honor,
la felicidad y la fama. ¡Adiós!

Se va.

SEGUNDA DAMA
Adieu, Monsieur Papageno!

87.   (Yéndose)
¡Adieu, Monsieur Papageno!

PRIMERA DAMA
Fein nicht zu hastig getrunken!

88.   ¡Procura no beber demasiado deprisa!
(Sale riendo.)

Papageno también se retira quejándose y explicándose con gestos.

TAMINO

(Observando fervorosamente el retrato.)

Dies Bildniss ist bezaubernd schön
Wie noch kein Auge je geseh'n!
Ich fühl es, wie dies Götterbild
Mein Herz mit neuer Regung füllt.
Dies Etwas kann ich zwar nicht nennen;
Doch fühl' ichs hier wie Feuer brennen.
Soll die Empfindung Liebe seyn?
Ja, ja! die Liebe ist's allein.
O wenn ich sie nur finden könnte!
O wenn sie doch schon vor mir stände!
Ich würde... würde... warm und rein
Was würde ich!... Sie voll Entzücken!
an diesen heissen Busen drücken
und ewig wäre sie dann mein.

89. ¡Este retrato es encantadoramente bello,
ningún ojo ha visto otro igual!
Siento cómo esta imagen divina llena
mi corazón de una nueva emoción.
Es verdad que soy incapaz de darle nombre,
pero la siento arder en mi corazón.
¿Será amor esta sensación?
¡Sí, sí! ¡Sólo puede amor!
¡Oh, si pudiera encontrarla!
¡Oh, si ella estuviese ya ante mí!
Yo... yo... con ardiente pureza...
¿Qué haría yo...? La estrecharía
extasiado contra mi pecho ardiente
y sería mía para siempre.

Entran las tres damas.

PRIMERA DAMA

Rüste dir mit Mut und Standhaftigkeit,
schoner Jüngling! Die Fürstin.

90. ¡Ármate de coraje y de perseverancia, bello
joven! Nuestra princesa...

SEGUNDA DAMA

... hat mir aufgetragen, dir zu sagen...

91. ... me ha encargado comunicarte...

TERCERA DAMA

... dass der Weg zu deinem künftigen Glück
nunmehr gebahnt sey.

92. ... que ahora está abierta la vía que conduce a
tu dicha futura.

PRIMERA DAMA

sie hat jedes deine Worte gehört,
sie hat...

93. Ha escuchado cada una de tus palabras.
Y ha leído...

SEGUNDA DAMA

... jeden Zug in deinem Gesicht gelesen.
Ja, noch mehr, ihr mütterliches Herz.

94. ...ha leído la expresión de tu rostro.
Y todavía más, su corazón maternal...

TERCERA DAMA

... Hat beschlossen, dich ganz glücklich zu
machen, hat dieser Jüngling sprach sie, so
viel Mut und Tapferkeit, els er zärtlich ist,
oh, so ist meine Tochter Pamina ganz gewiss
gerettet.

95. ...ha decidido hacerte feliz.
Si ese joven, ha dicho, tiene tanto coraje
y valentía como delicadeza,
estoy segura de que salvará a mi hija Pamina.

TAMINO

Gerettet? O ewige Dunkelheit!
Was hör ich? Das Original...

PRIMERA DAMA

Hat ein mächtiger böser Dämon ihr
entrissen.

TAMINO

Entrissen? O ihr Götter!
sagt, wie konnte das geschehen?

PRIMERA DAMA

Sie sass an einem schönen Mayentage ganz
allein in dem alles belebenden
Zipressenwäldchen, welches immer ihr
Lieblingsaufenthalt war.
Der Bösewicht schlich unbemerkt hinein.

SEGUNDA DAMA

Belauschte sie, und

TERCERA DAMA

Er hat nebst seinem bösen Herzen auch
noch die Macht, sich in jede erdenkliche
Gestalt zu verwandeln; auf solche Weise hat
er auch Pamina

PRIMERA DAMA

Diess ist der Name der königlichen Tochter,
so ihr anbetet.

TAMINO

O Pamina! du mir entrissen du in der
Gewalt eines üppigen Bösewichts!
bist vieleicht in diesem Augenblicke
schrecklicher Gedanke!

LAS TRES DAMAS

Schweig, Jüngling!

---

96. ¡Salvarla? ¡Oh oscuridad eterna!
¿Qué oigo? El original del retrato...

97. Un demonio poderoso y malvado se la ha
arrebatado.

98. ¿Arrebatado? ¡Oh, Dioses! ...Decidme,
¿cómo ha podido suceder algo parecido?

99. Una hermosa mañana de mayo estaba sola
en un bosque de cipreses, su lugar de reposo
preferido. El malvado pudo introducirse en
él sin que nadie le viera...

100. ...la espió y...

101. ...como además de un corazón criminal tiene
el poder de transformarse
en cualquier figura imaginable,
de este modo a Pamina...

102. Éste es el nombre de la hija de la Reina,
a quien tu adoras.

103. ¡Oh, Pamina! Arrebatada,
bajo el poder de un ser malvado y lascivo!
Quizás en este mismo momento...
¡qué pensamiento horrible!...

104. ¡Silencio, joven!

PRIMERA DAMA

Lästere der holden Schönheit Tugend nicht!
Trotz aller Pein,
so die Unschuld duldet,
ist sie sich immer gleich. Weder Zwang,
noch Schmeicheley ist vermögend,
sie zum Wege des Lasters zu verführen.

TAMINO

O sagt, Mädchen! sagt, wo ist des Tyrannen
Aufenthalt?

SEGUNDA DAMA

Sehr nahe an unsern Bergen lebt er in einem
angenehmen und reitzenden Thale.
Seine Burg ist prachtvoll, und sorgsam
bewacht.

TAMINO

Kommt, Mädchen! führt mich!
Pamina sey gerettet!
Der Bösewicht falle von meinem Arm;
das schwör ich bey meiner Liebe, bey
meinem Herzen! sogleich wird ein heftig
erschütternder Accord mit Musik gehört
Ihr Götter! Was ist das?

LAS TRES DAMAS

Fasse dich!

PRIMERA DAMA

Es verkündigt die Ankunft unserer
Königinn.

LAS TRES DAMAS

Sie kommt! Sie kommt! Sie kommt!

---

105. No temas por la virtud de tan gentil belleza.
A pesar de todos los males que deba
soportar, se mantendrá siempre igual,
porque ni la fuerza ni la seducción podrán
nunca llevarla por los caminos del vicio.

106. Decidme, doncellas,
¿dónde reside el tirano?

107. Vive cerca de nuestras montañas;
vive en un valle delicioso y encantador.
Su castillo es magnífico y fuertemente
vigilado.

108. ¡Venid, doncellas, guiadme!
Vayamos a salvar a Pamina.
Ese malvado caerá en mis manos,
lo juro por mi amor
y por mi corazón!
(Se oye un estruendo.)
¡Oh dioses, qué es esto!

109. ¡Serénate!

110. Anuncia la llegada de nuestra reina.

Se oye otro estruendo.

(Por separado.)
111. ¡Ya llega! ¡Ya llega! ¡Ya llega!

*Las montañas se separan y la escena
se transforma en una sala suntuosa.
La Reina de la Noche está sentada en un trono de estrellas.*

LA REINA DE LA NOCHE

O zittre nicht, mein lieber Sohn!
Du bist unschuldig, weise, fromm.
Ein Jüngling so wie du, vermag un besten,
dies tief betrübte Mutterhertz zu trösten.
Zum Leiden bin ich auserkoren, denn meine
Tochter fehlet mir; durch sie ging all mein
Glück verloren...
Ein Bosewicht entfloh mit ihr, Noch seh'
ich ihr Zittern mit bangen Erschüttern,
ihr ängstliches Beben,
ihr schüchternes Streben.
Ich musste sie mir rauben sehen.
Ach helft! Ach helft!
war alles was sie sprach;
allein vergebens war ihr Flehen,
denn meine Hülfe war zu schwach
Du, du wirst sie zu befreyen gehen ja,
du wirst der Tochter Retter seyn.
Und wird ich dich als Sieger sehen,
so sey sie dann auf ewig dein.

112. ¡No tiembles, querido hijo mío!
Pues eres inocente, sabio y piadoso.
Un joven como tú es quien mejor puede
consolar este corazón de madre Me
siento destinada al sufrimiento,
pues he perdido a hija;
y con ella se fue toda mi dicha:
un malvado me la robó. Aún la veo
temblar con atemorizada agitación,
veo su angustiado sobresalto,
sus tímidos esfuerzos.
Tuve que ver cómo me la robaban:
como chillaba «¡Ayuda, socorro!»,
pero su súplica fue vana,
pues mi fuerza era demasiado débil.
Tú irás a liberarla,
tú serás el salvador de mi hija.
Y si te veo volver victorioso,
tuya será para siempre.

Sale con las tres damas.

TAMINO

Ists denn auch Wircklichkeit, was ich sah?
O ihr guten Götter, täuscht mich nicht!

113. ¿Es realidad lo que he visto?
¿O me engañan mis sentidos?

PAPAGENO

Hm! Hm! Hm! Hm! Hm! Hm! Hm! Hm!

114. Hm! Hm! Hm! Hm! Hm! Hm! Hm! Hm!

TAMINO

Der Arme kann von Strafe sagen,
Denn seine Sprache ist dahin.

115. Nada puedo hacer, sino compadecerte;
soy demasiado débil para ayudarte.

PAPAGENO

Hm! Hm! Hm! Hm! Hm! Hm! Hm! Hm!

116. Hm! Hm! Hm! Hm! Hm! Hm! Hm! Hm!

Vuelven a entrar las tres damas.

PRIMERA DAMA

Die Königin begnadict dich!
Erlasst die Strafe dir durch mich.

(A Papageno)

117. La Reina te otorga su gracia,
por mi mediación te perdona la pena.

31

PAPAGENO

Nun plaudert Papageno wieder?

SEGUNDA DAMA

Ja plaudert lüge nur nicht wieder!

PAPAGENO

Ich lüge nimmermehr, nein, nein!

LAS TRES DAMAS

Dies Schloss soll deine Warmung seyn.

PAPAGENO

Dies Schloss sol maine Warmung seyn.

DAMAS, TAMINO, PAPAGENO

Bekämen doch die Lügner alle
eín solches Schloss vor ihren Mund;
statt Hass, Verleumundung schwarzer
Galle bestünde Lieb und Bruderbund.

PRIMERA DAMA

O Prinz, nimm dies Geschenk von mir!
Dies sendet unsre Fürstin dir.
Die Zauberflüte wird dir schützen im
grössten Unglück unterstützen.

LAS TRES DAMAS

Hiermit kannst du allmächtig handeln,
der Menschen Leidenschaft verwandeln:
der Traurige wird freudig seyn,
den Hagestolz nimmt liebe ein.

DAMAS, TAMINO, PAPAGENO

O seyne Flöte ist mehr als Gold und
Kronen werth, denn durch sie wird
Menschenglück,
und Zufriedenheit vermehrt.

PAPAGENO

Nun, ihr schönen Frauenzimmer,
darf ich, so empfehl' ich mich.

118. ¡Ahora Papageno vuelve a parlotear!

119. Sí, parlotea, ¡pero no vuelvas a mentir!

120. ¡Nunca más volveré a mentir, no, no!

121. ¡Que este candado te sirva de advertencia!

122. Este candado me servirá de aviso.

123. Si a todos los mentirosos les pusieran
un candado como éste en la boca:
en vez de odio y calumnia, y oscuras
intenciones, el mundo se llenaría
de amor y fraternidad.

(Le da a Tamino una flauta de oro.)

124. ¡Oh Príncipe, recibe contento este regalo!
Te lo envía nuestra princesa.
Esta flauta mágica te protegerá y sostendrá
en las mayores desgracias.

125. Te permitirá obrar con omnipotencia,
transformar las pasiones de los hombres:
el triste se pondrá alegre,
el solterón se enamorará.

126. Oh, est flauta vale más que todo el oro
y todas las coronas, pues con ella se
incrementa la dicha y felicidad
de los hombres.

127. Entonces, bellas damas,
si lo permitís, me despido de vosotras.

LAS TRES DAMAS

Dich enpfehlen kannst du immer
doch bestimmt die Fürstin dich,
mit dem Prinzen ohn' Verweilen
nach Sarastros Burg zu eilen.

128. Puedes despedirte cuando quieras,
pero la princesa te ordena que sin
demora vayas con el príncipe
al castillo de Sarastro.

PAPAGENO

Nein, dafür bedank ich mich!
Von euch selbsten hörte ich,
dass er wie ein Tigertier.
Sicher liess ohn' alle Gnaden
mich Sarastro rupfen, braten
setze mich den Hunden für.

129. ¡No! ¡Muchas gracias!
Vosotras mismas habéis dicho
que es tan fiero como un tigre.
No tendría compasión de mí,
me haría descuartizar y asar,
y me arrojaría a sus perros.

LAS TRES DAMAS

Dich schützt der Prinz trau ihm allein!
Dafür sollst du seyn Diener seyn.

130. ¡El príncipe te protegerá, confía sólo en él!
A cambio, le servirás.

PAPAGENO

(Para sí)

Dass doch der Prinz beim Teufel wäre!
Mein Leben ist mir lieb;
am Ende schleicht, bei meiner Ehre,
er von mir wie ein Dieb.

131. ¡Ojalá que el diablo se llevara al príncipe!
Mi vida es muy preciada para mí,
i me temo que al final, por mi honor,
éste se alejará de mí, como un ladrón.

PRIMERA DAMAS

(Da un carillón a Papageno.)

Hier, nimm dies Kleinod, es ist dein.

132. Toma este pequeño tesoro, es tuyo.

Es le ofreció una máquina como una risa de madera.

PAPAGENO

Ey! Ey! was mag darinnen seyn?

133. ¡Eh, eh! ¿Que habrá dentro?

TERCERA DAMAS

Darinnen hörst du Glöckchen tönen.

134. Dentro oirás sonar unas campanillas.

PAPAGENO

Werd ich sie auch wohl spielen können?

135. ¿Y podré tocarlas cuando me apetezca?

LAS TRES DAMAS

O ganz gewiss! Ja, ja, gewiss! Silberglöckchen,
Zauberflöten,
sind zu eurem Schutz vonnöten.
Lebet wohl! Wir wollen gehn,
Lebet wohl, auf wiedersehn!

136. ¡Pues claro que sí! ¡Sí, claro que sí!
Las campanillas de plata
y la flauta mágica os protegerán de todo.
Adiós, nos vamos.
Adiós. ¡Hasta la vista!

TAMINO, PAPAGENO
Silberglöckchen, Zauberflöten.
Lebet wohl! Wir wollen gehn,
Lebet wohl, auf wiedersehn!

137. Campanillas de plata, flauta mágica.
Adiós, nos vamos.
Adiós. ¡Hasta la vista!

TAMINO
Doch schöne Damen saget an...

138. Pero decidme, bellas damas...

PAPAGENO
Wie man die Burg wohl finden kann?

139. ¿Cómo encontraremos el castillo?

TAMINO, PAPAGENO
Wie man die Burg wohl finden kann?

140. ¿Cómo encontraremos el castillo?

LAS TRES DAMAS
Drey Knäbchen, jung, schön,
hold und weise,
Umschweben euch auf eurer Reise,
Sie werden eure Führer seyn,
Folgt ihrem Rathe ganz allein.

141. Tres muchachos, jóvenes, bellos,
nobles y sabios,
os acompañarán en vuestro viaje;
serán vuestros guías,
seguid únicamente sus consejos.

TAMINO, PAPAGENO
Drey Knäbchen jung, schön,
hold und weise,
Umschweben uns auf unsrer Reise.

142. Tres muchachos, jóvenes, bellos,
nobles y sabios,
nos acompañarán en nuestro viaje.

DAMAS, TAMINO, PAPAGENO
So lebet wohl! wir wollen gehen,
Lebt wohl! lebt wohl!
Auf Wiedersehen.

143. Y ahora, adiós, debemos irnos.
Adiós, adiós. ¡Hasta la vista!
(Salen todos.)

ESCENA II.
El palacio se Sarastro.
Una espléndida sala al estilo egipcio, algunos esclavos traen
a Pamina prisionera de Sarastro, el Gran Sacerdote.
Ella ha sido asediada continuamente por Monostatos, el sirviente moro del Gran Sacerdote.

TERCERA SACERDOTE
Ha, ha, ha!

144. ¡Ja ja ja!

PRIMERA SACERDOTE
Pst, Pst!

145. ¡Pst, pst!

SEGUNDA SACERDOTE
Was soll denn das Lachen?

146. ¿Qué son esas risas?

TERCERA SACERDOTE

Unser Peiniger, der alles belauschende
Mohr, wird morgen sicherlich gehangen
oder gespiesst.
Pamina! Ha, ha, ha!

PRIMERA SACERDOTE

Nun?

TERCERA SACERDOTE

Das reitzende Mädchen, ha, ha, ha!

SEGUNDA SACERDOTE

Nun?

TERCERA SACERDOTE

Ist entsprungen.

PRIMERA Y SEGUNDA SACERDOTE

Entsprungen?

PRIMERA SACERDOTE

Und sie entkam?

TERCERA SACERDOTE

Unfehlbar!
Wenigstens ist's mein wahrer Wunsch.

PRIMERA SACERDOTE

O Dank euch ihr guten Götter!
ihr habt meine Bitte erhört.

TERCERA SACERDOTE

Sagt ich euch nicht immer,
es wird doch ein Tag für uns scheinen,
wo wir gerochen, und der schwarze
Monostatos bestraft werden wird.

SEGUNDA SACERDOTE

Was spricht nun der Mohr zu der
Geschichte?

PRIMERA SACERDOTE

Er weiss doch davon?

147. Nuestro torturador, el moro
que siempre espía, por la mañana,
seguro, será colgado o empalado.
¡Pamina! ¡Ja, ja ja!

148. ¿Y?

149. ¡Una muchacha muy bonita, ja, ja, ja!

150. ¿Y?

151. Ha huido.

152. ¿Ha huido?

153. ¿Ha podido escaparse?

154. Muy cierto.
En todo caso, es lo que deseo.

155. Gracias, dioses misericordiosos,
habéis escuchado mis plegarias.

156. ¿Acaso no os he dicho siempre
que llegaría el día en que
seríamos vengados y el negro
Monostatos recibiría su castigo?

157. ¿Y qué dice el moro, de esta historia?

158. ¿Sabe lo que ha pasado?

TERCERA SACERDOTE

Natürlich! Sie entlief vor seinen Augen.
Wie mir einige Brüder erzählten,
die im Garten arbeiteten,
und von weitem sahen und hörten,
so ist der Mohr nicht mehr zu retten;
auch wenn Pamina von Sarastros Gefolge
wieder eingebracht würde.

PRIMERA Y SEGUNDA SACERDOTE

Wieso?

TERCERA SACERDOTE

Du kennst ja den üppigen Wanst
und seine Weise; das Mädchen
aber war klüger als ich dachte.
In dem Augenblicke, da er zu siegen glaubte,
rief sie Sarastros Namen: das erschütterte
den Mohren; er blieb stumm und
unbeweglich stehen indess lief Pamina nach
dem Kanal, und schiffte von selbst in einer
Gondel dem Palmwäldchen zu.

PRIMERA SACERDOTE

O wie wird das schüchterne Reh mit
Todesangst dem Pallaste ihrer zärtlichen
Mutter zueilen.

Monostatos entra con unos esclavos y Pamina.

MONOSTATOS

Du, feines Täubchen, nur herein!

PAMINA

O welche Marter, welche Pein!

MONOSTATOS

Verloren ist dein Leben!

PAMINA

Der Tod macht mich nicht beben,
nur meine Mutter dauert mich;
sie stirbt vor Gram ganz sichertich.

159. ¡Claro que lo sabe! ¡Huyó ante sus narices!
Tal como me lo han contado unos hermanos
que trabajaban en el jardín,
y lo vieron y oyeron todo de lejos.
El moro está perdido, aunque Pamina
volviera a ser capturada por l
os seguidores de Sarastro.

160. ¿Y por qué?

161. Ya conocéis al lascivo barrigudo
y sus costumbres. Pero la muchacha
ha sido más lista de lo que yo pensaba.
En el momento en que él creía vencer,
ella ha gritado el nombre de Sarastro.
El moro se asusta, se queda clavado,
mudo e inmóvil... y Pamina salta
a una barca del canal y rema hacia
el bosquecillo de palmeras.

162. ¡Y cómo corre, la tímida gacela,
llena de mortal angustia,
hacia el palacio de su madre!

163. ¡Entra, pichoncita, entra!

164. ¡Oh, qué tortura! ¡Qué tormento!

165. ¡Tu vida está perdida!

166. La muerte no me causa espanto;
lo que me duele es mi madre,
que seguramente morirá de pena.

MONOSTATOS

He Sklaven, legt ihr Fesseln an!

Mein Hass son dich verderben.

167. ¡Eh, esclavos! ¡Encadenadla!
    (La encadenan.)
    Mi odio será tu perdición.

PAMINA

O las mich lieber sterben,
weil nichts Barbar, dich rühren kann.

168. ¡Oh, prefiero que me mates ya que nada,
    bárbaro, puede conmoverte!

Cae desmayada.

MONOSTATOS

Nun fort! Lasst mich bei ihr allein.

169. ¡Fuera! ¡Dejadme solo con ella!

Los esclavos se retiran.

PAPAGENO

Wo bin ich wohl? Wo mag ich seyn?
Aha! da find' ich Leute.
Ajá! Gewagt, ich geh' henein!
Schön Mädchen, jung und fein,
viel weisser noch als Kreide!

170. *(Fuera, junto a la ventana,*
    sin ser visto por Monostatos.)
    ¿Dónde estoy? ¿Dónde estaré?
    ¡Ajá, ahí veo gente! Ánimo, voy a entrar.
    (Entra.)
    ¡Bella muchacha, joven y graciosa,
    mucho más blanca que la tiza!

De repente Monostatos y Papageno se ven de reojo,
y se asusta el uno al otro.

PAPAGENO, MONOSTATOS

Hu! Das ist – der Teu – fel si – cherlich!
Hab Mitleid – verschone mich!
Hu! Hu! Hu! Hu!

171. ¡Uh! ¡Seguro que es el diablo!
    ¡Ten compasión! ¡Perdóname la vida!
    ¡Uh! ¡Uh! ¡Uh!

Asustados, huyen en dirección contraria.

PAMINA

Mutter, Mutter, Mutter!
Noch schlägt dieses Herz?
Noch nicht vernichtet?
Zu neuen Qualen erwacht!
Das ist hart!
Mir bittrer als der Tod.

172. *(Todavía algo desvanecido.)*
    ¡Madre, Madre, Madre!
    ¿Por qué late todavía mi corazón?
    ¿No he muerto, pues?
    ¿Para qué nuevos tormentos he despertado?
    Oh, es duro, muy duro para mí,
    más amargo que la muerte.

PAPAGENO

Bin ich nicht ein Narr. Dass ich mich
schrecken liess? Es giebt ja schwarze
Vögel in der Welt, warum denn nicht auch
schwarze Menschen?... Ah sieh da!
Hier ist das Schöne Fräulenbildn noch.
Du, Tochter der nächtlichen Königin.

PAMINA

Nachtliche Königin! Wer bist du?

PAPAGENO

Ein Abgestander der sternflammenden
Königin.

PAMINA

Meiner Mutter?
O Wonne! Dein name?

PAPAGENO

Papageno.

PAMINA

Papageno? Papageno!...
Ich habe den Namen oft gehört,
dich selbst aber sah ich nie.

PAPAGENO

Ich dich eben so wenig.

PAMINA

Du kennst also meine gute, zärtliche Mutter?

PAPAGENO

Wenn du die Tochter der nächtlichen
Königinn bist ja!

PAMINA

O ich bin es.

PAPAGENO

Das will ich gleich erkennen.

(Regresando y riendo sordamente.)

173. ¿Pero es que soy tan necio que me dejo
asustar? En mundo está lleno de pájaros
negros, ¿por qué no va a haber también
hombres negros?...
¡Hm, mira! ¡Ahí está Pamina!
Eh, tú, hija de la Reina de la Noche.

174. Reina de la Noche! ¿Quien eres?

175. Un enviado de la Reina de las estrellas
rutilantes.

176. ¿De mi madre? ¡Oh, qué feliz soy!
¿Cómo te llamas?

177. Papageno.

178. ¡Papageno? ¡Papageno!...
Recuerdo haber oído ese nombre a menudo,
pero a ti no te había visto nunca!

179. Tampoco yo a ti.

180. ¿De modo que conoces a mi dulce madre?

181. Si eres la hija de la Reina de la Noche, sí.

182. Sí, soy su hija.

183. Quiero asegurarme.

Mirando el retrato que antes había recibido el príncipe y que lleva colgado de una cinta.

38

PAPAGENO (*continuato*)
Die Augen schwarz... richtig, schwarz.
Die Lippen rot... richtig, roth...
Blonde Haare... Blonde Haare.
Alles trift ein, bis auf Händ und Füsse.
Nach dem Gamälde zu schlieben solltest du
weder Hände noch Fübe haben, denn hier
sind keine angezeigt.

PAMINA
Erlaube mir... Ja ich bin's
Wie kam es in deine Hände?

PAPAGENO
Dir das zu erzählen, wäre zu weitläufig;
es kam von Hand zu Hand.

PAMINA
Wie kam es in die deinige?

PAPAGENO
Auf eine wunderbare Art.
Ich habe es gefangen.

PAMINA
Gefangen?

PAPAGENO
Ich muss dir das umständlicher erzählen.
Ich kam heute früh wie gewöhnlich
zu deiner Mutter Pallast mit meiner
Lieferung.

PAMINA
Lieferung?

PAPAGENO
Ja, ich liefere deiner Mutter
schon seit vielen Jahren all die shönen
Vögel in den Palast. Eben als ich neulich im
Begriffe war, meine Vögel abzugeben, da da
seh ich plötzlich einen Menschen vor mir
der sich Prinz nennen lässt.

Ojos negros... sí, son negros.
Labios rojos... sí, son rojos.
Pelo rubio... pelo rubio.
Todo concuerda hasta llegar a las manos y
los pies. Si debo hacer caso del cuadro,
tú no deberías tener ni manos ni pies,
porque aquí no hay.

184. Explicártelo sería muy largo.
Ha llegado pasando de mano en mano.

185. Explicártelo sería muy largo.
Ha llegado pasando de mano en mano.

186. ¿Pero, y a las tuyas?

187. De un modo milagroso:
lo he atrapado.

188. ¿Atrapado?

189. Te lo explicaré con más detalle.
Esta mañana me he presentado pronto,
como de costumbre, en el palacio
de tu madre, con la mercancía...

190. ¿La mercancía?

191. Sí, hace ya muchos años que llevo
a tu madre y a sus damas todos
los hermosos pájaros que capturo.
Y precisamente cuando les estaba dando
los pájaros, veo ante mí a un hombre
que dice ser un príncipe.

PAPAGENO (*continuato*)
Dieser Prinz hat deine Mutter so
eingenommen, dass sie ihm dein Bildnis
schenkte und ihm befahl, dich zu befreien
und seyn Entschluss war eben so schnell wie
seyne Liebe zu dir.

PAMINA
Liebe?

Er liebt mich also!
Bitte sage mir dass noch ein mal,
ich höre das Wort Liebe gar zu gerne.

PAPAGENO
Das glaube ich dir, ohne zu schwören;
du bist ja auch ein Frauteinbild.
Wo blieb ich denn?

PAMINA
Beir der Liebe.

PAPAGENO
Richtig, bei der Liebe.
Das nenn ich ein Gedächtnis haben. Kurz
also. Die grobe Liebe zu dir war der
Peitschenstreich, um unsere Fübe in
schnellen Gang zu bringen. Nun sind wir
hier, dir tausend schöne und angenehme
Sachen zu sagen; dich in unsere Arme zu
nehmen, und wenn es möglich ist, ebenso
schnell, wo nicht schneller als hierher, in
den Palast deiner Mutter zu eilen.

PAPAGENO
Da steckt eben der Hacken.
Wie wir von den Jungfrauen Abschied
nahmen, so sagten sie uns, drey holde
Knaben würden unsre Wegweiser seyn, sie
würden uns belehren, wie und auf was Art
wir handeln sollen.

PAMINA
Sie lehrten euch?

192. Este príncipe le ha gustado tanto
a tu madre que le ha regalado tu retrato
y le ha ordenado liberarte.
Su decisión fue tan rápida
como su amor por ti.

193. ¿Me ama?
(*Contenta*)
¡Entonces me ama?
¡Oh, repítemelo, otra vez!
¡Me gusta tanto oír estas palabras!

194. Lo creo, no hace falta que lo jures.
Realmente eres una jovencita.
Ay, ¿de qué estaba hablando?

195. Del amor.

196. ¡Exactamente! Del amor.
A eso le llamo yo tener memoria.
En cuatro palabras, este gran amor fue el
latigazo que puso nuestros pies en marcha.
Y ahora estamos aquí para decirte
mil cosas bonitas y agradables;
para tomarte entre nuestros brazos y,
si es posible, llevarte al palacio
de tu madre más rápidamente
de lo que hemos venido.

197. Pues aquí está la gracia.
Cuando nos despedimos de las damas
nos dijeron que tres jóvenes serían
nuestros guías y nos dirían lo
que teníamos que hacer.

198. ¿Y os lo han mostrado?

PAPAGENO

Nichts lehrten sie uns, denn wir haben
keinen gesehen.
Zur Sicherheit also war der Prinz so fein,
mich voraus zu schicken, um dir unsre
Ankunft anzukündigen.

PAMINA

Freund, du hast viel gewagt!
Wenn Sarastro dich hier erblicken sollte.

PAPAGENO

So wird mir meine Rückreise erspart
Das kann ich mir denken.

PAMINA

Dein martervoller Tod würde ohne Grenzen
seyn.

PAPAGENO

Um diesem auszuweichen, so gehen wir
lieber bey Zeiten.

PAMINA

Wie hoch mag wohl die Sonne seyn?

PAPAGENO

Bald gegen Mittag.

PAMINA

So haben wir keine Minute zu versäumen.
Um diese Zeit kommt Sarastro gewöhnlich
von der Jagd zurück.

PAPAGENO

Sarastro ist also nicht zu Hause?
Pah! da haben wir gewonnenes Spiel!
Komm, schönes Fräulenbild!
Du wirst Augen machen, wenn du den
schönen Jüngling erblickst.

199. No nos han enseñado nada porque no
hemos visto ni uno solo.
Pero el príncipe es tan listo que, para más
seguridad, me ha enviado antes a mí para
anunciarte su llegada.

200. ¡Amigo, te has expuesto
a grandes riesgos!

201. Me ahorraría el regreso,
puedo imaginármelo.

202. Los martirios de tu muerte
no tendrían límite.

203. Mejor sería evitarlos huyendo a tiempo.

204. ¿En qué punto del cielo se encuentra
el sol ahora?

205. Falta poco para mediodía.

206. Pues no hay tiempo que perder.
Es la hora en que Sarastro acostumbra
a volver de caza.

207. ¿Sarastro no está ahora en casa?
Sí es así, tenemos ganada la partida.
Ven, hermosa muchacha!
Ya verás cómo abrirás los ojos cuando
veas al joven príncipe.

PAMINA

Es sei gewacht!
Wenn dieser nun ein böser
Geist von Sarastros Gefolge wäre.

PAPAGENO

Ich ein boser Geist?
Wo du hin?
Ich bib der beste Geist von der Welt!

PAMINA

Wohl, denn, es sei gewagt!

Aber wenn dies ein Fallstrick wäre? Wenn
diese nun ein böser Geist von Sarastros
Gefolge wäre?

PAPAGENO

Ich ein böser Geist?
Wo denkt ihr hin, Fräuleinbild!
Ich bin der beste Geist von der Welt.

PAMINA

Doch nein; das Bild hier überzeugt mich,
dass ich nicht getäuscht bin; Es kommt von
den Händen meiner zärtlichsten Mutter.

PAPAGENO

Schön's Fräulenbild, wenn dir wieder ein so
böser Verdacht aufsteigen sollte,
dass ich dich betrügen wollte, so denke nur
fleissig an die Liebe, und jeder böse
Argwohn wird schwinden.

PAMINA

Freund, vergieb! Vergieb!
Wenn ich dich beleidigte.
Du hast ein gefühlvolles Herz,
das sehe ich in jedem deiner Züge.

208. ¡Asi sea, arriesguémonos!
Supongamos que seas
uno de los malignos espíritus de Sarastro.

209. ¿Yo, un espíritu maligno?
¿Que estas pensando?
¡Yo soy el mejor espíritu del mundo!

210. ¡Muy bien, hay que arriesgarse!
(Se van, pero Pamina retrocede.)
¿Y si fuera una trampa?
¿Y si fuera uno de los malos espíritus de
Sarastro?
(Mira a Papageno con desconfianza.)

211. ¿Yo un mal espíritu?
¿Hasta dónde llegaréis, señora mía?
Soy el mejor espíritu que podrías
encontrar en el mundo entero.

212. No claro, el retrato que he visto
me asegura que no me engaña;
viene de manos de mi madre.

213. Escucha, hermosa muchacha,
cuando vuelvas a sospechar
que quiero engañarte,
piensa en el amor tan pronto como puedas,
y todas tus malas ideas se desvanecerán.

214. Perdóname, amigo,
perdona si te he ofendido.
Tienes un corazón sensible,
lo veo en cada rasgo de tu rostro.

PAPAGENO

Ach freylich hab ich ein gefühlvolles Herz,
Aber was nützt mich das alles?
Ich möchte mir oft alle meine Federn
ausrupfen, wenn ich bedenke, dass Papageno
noch keine Papagena hat.

PAMINA

Armer Mann! Du hast also noch kein Weib?

PAPAGENO

Nicht einmahl ein Mädchen,
viel weniger ein Weib!
Ja das ist betrübt!
Und unser einer hat doch
auch bisweilen seine lustigen Stunden,
wo man gern gesellschaftliche Unterhaltung
haben möcht.

PAMINA

Geduld Freund!
Der Himmel wird auch für dich sorgen;
er wird dir eine Freundinn schicken,
ehe du dir's vermuthest.

PAPAGENO

Wenn er sie nur bald schickte.

PAMINA

Bei Männem, welche Liebe fühlen,
fehlt auch ein gutes Herze nicht.

PAPAGENO

Die süssen Triebe mit zu fühlen
ist dass der Weiber erste Pflich.

PAMINA, PAPAGENO

Wir wollen uns der Liebe freu'n wir leben
durch die Lieb' allein.

PAMINA

Die Lieb versüsset jede Plage
ihr opfert jede Kreatur.

215. Oh sí, tengo el corazón sensible...
¿Pero de qué me sirve?
A veces me arrancaría todas las plumas,
cuando pienso que Papageno todavía
no tiene su Papagena.

216. ¿No tienes una mujer que esté aguardándote?

217. ¡Ni siquiera tengo una muchacha,
y menos aún una mujer!
Sí, es triste.
Los hombres como yo también
tenemos nuestros ratos alegres,
y nos gusta tener compañia.

218. ¡Paciencia, amigo!
El cielo se acordará de ti y te buscará
a una amiga, quizás antes de lo
que imaginas.

219. ¡Si al menos fuera pronto!

220. A los hombres que sienten
el amor nunca les falta un buen corazón.

221. Compartir los dulces impulsos
es el primer deber de una esposa.

222. Alegrémonos del amor,
únicamente por él vivimos.

223. El amor endulza todas las penas;
todas las criaturas lo alaban.

PAPAGENO

Sie würset unsre Lebenstage sie wirld im
Kreise der Natur.

224. Él da sabor a nuestros días,
actúa en el ciclo de la Naturaleza.

PAMINA, PAPAGENO

Ihr hoher Zweck zeigt deutlich an,
nichts edler sei, als Weib un Mann,
Mann und Weib, und Weib und Mann
reichen an die Götter an.

225. Su excelsa finalidad es bien clara, no hay
nada más noble que ser marido y mujer.
El esposo y la esposa, la esposa y el esposo
alcanzan la esfera de la divinidad.

(Ambos salen.)

ESCENA III.

Un bosque sagrado. En el fondo del escenario hay un Templo, sobre el que hay la siguiente inscripción:
«Templo de la Sabiduría». Este Templo da acceso a otros dos Templos;
en el de la derecha hay la inscripción «Templo de la Razón»;
en el de la izquierda, «Templo de la Naturaleza».
Los tres muchachos conducen resueltamente a Tamino hacia los Templos;
cada uno lleva una palma de planta en la mano.

LOS TRES MUCHACHOS

Zum Ziele führt dich diese Bahn
doch musst du, Jüngling, mannlich siegan.
Drum höre unsre Lehre an:
sei standhaft, dulsdam und verschwiegen!

226. Este camino te conduce a la meta,
pero tú, joven, debes luchar con valentía.
Escucha, pues, nuestra enseñanza:
¡sé firme, paciente y callado!

TAMINO

Ihr holden Kleinen, sagt mir an,
ob ich Pamina retten kann?

227. Oh nobles muchachos, decidme,
¿podré salvar a Pamina?

LOS TRES MUCHACHOS

Dies kund zu tun, steht uns nicht an:
Sei standhaft, dulsdam und verschwiegen.
Bedenke dies; kurz, sei ein Mann, dann
Jüngling, wirst du männlich siegen.

228. No nos corresponde a nosotros revelártelo:
¡sé firme, paciente y callado!
En suma, sé un hombre, y así, joven,
vencerás como un hombre.
(Salen.)

Los niños parten.

TAMINO

Die Weisheitslehre dieser Knaben
sei ewig mir ins Herz gegraben.
Wo bin ich nun? Was wird mit mir?
Ist dies der Sitz der Götter hier?

229. Que la lección de sabiduría de estos
muchachos quede grabada eternamente
en mi corazón.
¿Dónde estoy? ¿Qué será de mí?
¿Será ésta la mansión de los dioses?

TAMINO (*continuato*)

Es zeigen die Pforten, es ziegen die Säulen,
dass Klugheit und Arbeit und Künste hier
weilen; wo Thätigkeit thronet und
Müssiggang weicht, erhält seyne Herrschaft
das Laster nicht leicht. Ich wage mich
muthig zur Pforte hinein, die Abschit
ist edel und lauter und rein. Erzittre, feiger
Bösewicht! Paminen retten, ist mir Pflicht.

Las puertas, las columnas muestran
que aquí moran la sabiduría, el trabajo y las
artes; donde reina la actividad y no hay
ociosidad, no es fácil que domine el vicio.
Con coraje osaré traspasar el umbral,
pues mi intención es noble, pura y limpia.
¡Tiembla, cobarde malvado!
¡Mi deber es salvar a Pamina!

Se dirige hacia la puerta del Templo de la derecha, y cuando está cerca, oye una voz.

SACERDOTES

Züruck!

230.   ¡Atrás!

TAMINO

Zurück? so wag ich hier mein Glück!

231.   ¡Atrás? ¡Atrás? ¡Tentaré ahí mi suerte!

Se dirige hacia la puerta del Templo de la izquierda y una voz responde desde dentro.

SACERDOTES

Zurück!

232.   ¡Atrás!

TAMINO

Auch hier ruft man: zurück!
Da seh' ich noch eine Tür,
vielleicht find' ich den Eingang hier.

233.   ¿También aquí gritan: «atrás»?
Allí veo otra puerta,
tal vez pueda entrar por ella.

Llama a la puerta del centro y aparece un anciano sacerdote: el Orador.

SACERDOTE

Wo willst du kühner Fremdling, hin?
Was suchst du hier im Heiligthum?

234.   ¿Adónde quieres ir, audaz forastero?
¿Qué buscas en este santuario?

TAMINO

Der Lieb und Tugend Eigenthum.

235.   El reino del amor y de la virtud.

ORADOR

Die Worte sind von hohem Sinn!
Allein wie willst du diese finden?
Dich leitet Lieb' und Tugend nicht,
weil Tod und Rache dich entzünden.

236.   ¡Esas palabras son excelsas! Pero ¿cómo
quieres, tú solo, descubrir tales bienes?
No te guían ni el amor ni la virtud, pues lo
que te anima son la muerte y el odio.

TAMINO

Nure Rache für den Bosewicht.

237.   ¡Sólo es odio contra un malvado!

ORADOR

Den wirst du wohl bei uns nicht finden.

238. Si es así, no lo encontrarás entre nosotros.

TAMINO

Sarastro herrscht in diesen Gründen?

239. ¿No es Sarastro quien reina en estos lugares?

ORADOR

Ja, ja! Sarastro herrschet hier.

240. Sí, Sarastro es quien aquí reina.

TAMINO

Doch i dem Weisheitstempel nicht?

241. ¿Y no reina en el Templo de la Sabiduría?

ORADOR

Er herrscht im Weisheitstempel hier.

242. Sí, aquí en el Templo de la Sabiduría reina.

TAMINO

So ist denn alles Heuchelei!

243. ¡Entonces todo esto es hipocresía!

Se dispone a irse.

ORADOR

Willst du schon wieder geh'n?

244. ¿Tan pronto quieres irte?

TAMINO

Ja, ich Will geh'n, froh und frei nie euren
Tempel seh'n.

245. Si, quiero irme alegre y libre,
y no ver jamás vuestro templo.

ORADOR

Erlkär dich näher mir,
dich täuschet ein Betrug.

246. Explícate un poco mejor,
eres víctima de un engaño.

TAMINO

Sarastro wohnet hier,
das ist mir schon genug.

247. Sarastro habita aquí,
con eso me basta.

ORADOR

Wenn du dein Leben liebs so rebe bleibe da!
Sarastro hassest du?

248. Si amas tu vida, ¡habla, quédate aquí!
¿Es que odias a Sarastro?

TAMINO

Ich hass' ihn ewig, ja!

249. ¡Le odio por toda la eternidad! ¡Si!

ORADOR

Nun gib mir deine Gründe an.

250. Dime la razón de tu odio.

TAMINO

Er ist ein Unmensch, ein Tyrann!

251. ¡Es un monstruo, un tirano!

ORADOR

Ist das, was du gesagt, erwiesen?

TAMINO

Durch ein unglücklich Weib bewiesen,
das Gramm und Jammer niederdrückt.

ORADOR

Ein Weib hat also dich berückt?
Ein Weib thut wenig, plaudert viel.
Du Jüngling, glaubst dem Zungenspiel?
O, legte doch Sarastro dir
Die abschit seyner Handlung für!

TAMINO

Die Absicht ist nur allzu klar;
Riss nicht der Räuber ohn' Erbarmen,
Paminen aus der Mutter Armen?

SACERDOTE

Ja, Jüngling! was du sagst, ist wahr.

TAMINO

Wo ist sie, die er uns geraubt?
Man opferte vieleicht sie schon?

SACERDOTE

Dir diess zu sagen, theurer Sohn!
Ist jetzund mir noch nicht erlaubt.

TAMINO

Erklär diess Räthsel, täusch mich nicht.

SACERDOTE

Die Zunge bindet Eid und Pflicht.

TAMINO

Wann also wird die Decke schwinden?

ORADOR

Sobald dich führt der Freundschaft Hand ins
Heiligtum zum ew'gen Band.

252. ¿Está demostrado eso que dices?

253. Lo está, por una mujer infeliz
a la que afligen la pena y el dolor.

254. ¿Así que te ha ofuscado una mujer?
Una mujer hace poco y charla mucho.
¿Y tú, joven, crees tus palabras vacías?
¡Oh, ojalá el propio Sarastro te explique
el propósito de su comportamiento.

255. ¡Su propósito está claro!
¿Es que no arrancó sin piedad ese ladrón,
a Pamina de los brazos de su madre?

256. ¡Sí, joven! Eso que dices es verdad.

257. ¿Donde está esa muchacha que nos fue
robada? ¿Es que ya ha sido sacrificada?

258. Decirte eso, querido hijo, no está permitido
ni a mí ni aquí.

259. Aclara ese enigma, no quieras engañarme.

260. El juramento y el deber atan mi lengua.

261. ¿Cuándo, pues, se disiparán estas tinieblas?

262. Cuando la mano de la amistad te introduzca
en este santuario.
(Sale.)

El Orador entra en el Templo.

TAMINO

O ew'ge Nacht!
Wann wirst du schwinden?
Wann wird das Licht mein auge fínden?

263. ¡Oh, noche eterna!
¿Cuándo te disiparas?
¿Cuándo encontrarán mis ojos la luz?

SACERDOTES

Bald! Bald, Jüngling, oder nie!

264. ¡Pronto, pronto, joven, o nunca!

TAMINO

Bald, bald, sagt ihr, oder nie?
Ihr Unsichtbaren, sagt mir, lebt denn
Pamina noch?

265. ¿Pronto, decís, o nunca?
Oh Invisibles, decidme,
¿vive aún Pamina?

SACERDOTES

Pamina lebet noch!

266. ¡Pamina vive aún!

TAMINO

Sie lebt? Sie lebt?
Ich danke euch dafür.

267. ¿Vive?
Os doy las gracias.

Saca su flauta.

O wenn ich doch nur im Stande wäre,
Allmächtige, zu eurer Ehre,
mit jedem Tone meinem Dank zu schildern,
wie er híer, hier entsprang.

¡Oh, si yo pudiese,
dioses omnipotentes, para honraros,
describir con cada sonido mi gratitud
y mostraros cómo ha surgido aquí!

Señala su corazón, toca la flauta:
enseguida aparecen animales de todas clases, que acuden a escucharle.
Deja de tocar y los animales huyen. Los pájaros gorjean también.

Wie stark ist nicht dein Zauberton
weil holde Flüte, holde Flüte,
durch dein Spielen selbst wilde
Thiere Freude fühlen.
Doch nur Pamina bleibt davon!
Pamina, Pamina, höre, höre mich!
Umsonst, umsonst!
Wo? Wo? Ach, wo find' ich dich?

Qué poderoso es tu mágico sonido,
ya que al escucharte, flauta querida,
hasta las fieras se alegran.
¡Sólo Pamina no aparece!
¡Pamina, Pamina!
¡Escucha, escúchame!
¡Es inútil!
¿Dónde, ay, dónde te encontraré?

Toca su flauta. Papageno responde desde dentro con la suya.

Ha, das Papagenos ton!

¡Ah, ése es el sonido de Papageno!

Toca; Papageno responde.

TAMINO (*continuato*)

Vielleicht sah er Pamina schon,
vielleicht eilt sie mit ihm zu mir!
Vielleicht führt mich der Ton zu ihr.

¡Tal vez él haya visto ya a Pamina,
tal vez ella venga con él hacia mí!
Tal vez este sonido me conduzca hasta ella.

Sale deprisa. Entran Pamina, libre ya de las cadenas, y Papageno.

PAMINA, PAPAGENO

Schnelle Füsse, rascher muth schützt vor
Feindes List und Wuth.
Fänden wir Tamino doch,
sonst erwischen sie uns noch.

268. Pies rápidos y coraje intrépido protegednos
de la astucia y la ira del enemigo.
¡Ojalá encontremos a Tamino, pues,
si no, el enemigo nos atrapará de nuevo!

PAMINA

Holder Jüngling!

269. ¡Noble joven!

PAPAGENO

Stille, stille, ich kanns besser!

270. ¡Silencio, silencio, yo puedo hacerlo mejor!

Toca su flauta. Tamino responde con la suya desde dentro.

PAMINA, PAPAGENO

Welche Freude ist wohl grösser?
Freund Tamino hört uns schon!
Hieher kam der Flöten Ton!
Welch' ein Glück, wenn ich ihn finde!
Nur geschwinde, nur geshwinde.

271. ¿Es que hay alegría mayor que ésta?
Ya nos escucha nuestro amigo Tamino;
el sonido de su flauta ha llegado hasta aquí,
¡qué felicidad si le encontrásemos!
¡Pero rápido! ¡Pero rápido!

Se disponen a marchar. Aparece Monostatos.

MONOSTATOS

Ha, hab ich euch noch erwischt!
Nur herbey mit Stahl und Eisen;
Wart, man will euch Mores weisen.
Den Monostatos berücken!
Nur herbey mit Band und Stricken;
He, ihr Sclaven kommt herbey!

(*Mofándose de ellos.*)

272. ¡Pero rápido! Ja, ¿es que no os he atrapado?
¡Traed las cadenas y los grilletes!
Yo os enseñaré buenos modales.
¡Engañar a Monostatos!
¡Traed los lazos y las cuerdas!
¡Eh, esclavos, venid aquí!

Vienen unos esclavos con cadenas.

PAMINA, PAPAGENO

Ach nun ists mit uns vorbey.

273. ¡Ay, ahora sí que estamos perdidos!

PAPAGENO

Wer viel wagt, gewinnt oft viel,
Komm du schönes Glockenspiel!
Lass die Glöckchen klingen, klingen,
Dass die Ohren ihnen fingen.

274. ¡Quien mucho arriesga, mucho gana!
Ven, hermoso carillón,
haz sonar tus campanillas,
que sus oídos las oigan cantar.

*Toca el carillón. Enseguida Monostatos y los esclavos se ponen a bailar
y a cantar hipnotizados por la música.*

MONOSTATOS, SACERDOTES

Dass klinget so herrlich,
Dass klinget so schön.
Lara la la la! ...
Nie hab' ich so etwas gehört
und geseh'n! Lara la la! ...

275. ¡Qué sonidos tan magníficos,
qué sonidos tan bellos!
¡Lara la la la! ...
¡Nunca había oído ni visto cosa igual!
¡Lara la la la! ...

Salen, sin dejar de bailar.

PAMINA, PAPAGENO

Könnte jeder brave Mann solche Glöckchen
finden, seine Feinde würden
dann ohne Mühe schwinden, und er lebte
ohne sie in der besten Harmonie!
Nur der Freundschaft Harmonie
mildert die Beschwerden; ohne diese
Simpathie ist kein Glück auf Erden.

276. ¡Si todos los hombres honestos poseyeran
campanillas como éstas, todos los enemigos
como ésos desaparecerían sin esfuerzo,
y aquéllos podrían vivir en la mejor
de las armonías! Únicamente la armonía
de la amistad alivia las penas; ¡sin esa
simpatía no hay felicidad en la Tierra!

POPULACHO Y SARASTRO

Es lebe Sarastro! Sarastro lebe!

(Desde dentro.)
277. ¡Viva Sarastro! ¡Viva Sarastro!

PAPAGENO

Was soll dass bedeuten?
Ich zitt're, ich bebe!

278. ¿Qué significa eso?
¡Tiemblo y me estremezco!

PAMINA

O Freund, nun ist' um uns getan,
dies kündigt den Sarasto an!

279. ¡Oh amigo, estamos perdidos,
anuncian la llegada de Sarastro!

PAPAGENO

O wär ich eine Maus,
wie wollt'ich mich verstecken!
Wär ich so klein wie Schnecken,
So kröch ich in mein Haus!
Mein Kind, was werden wir nun sprechen?

280. ¡Oh, si yo fuera un ratón,
cómo me escondería!
¡Si yo fuera un pequeño caracol,
me metería en mi concha!
Niña mía, y ahora, ¿qué vamos a decir?

PAMINA

Die Wahrheit, die Wahrheit,
Wär sie auch Verbrechen!

281. ¡La verdad, la verdad,
aunque sea un crimen!

Aparece Sarastro sobre un carro triunfal tirado por seis leones,
acompañado de un séquito de sacerdotes,
gente del pueblo y esclavos.

POPULACHO, SACERDOTES

Es lebe Sarastro! Sarastro soll leben!
Er ist es, dem wir uns mit Freuden ergeben!
Stets mög er des Lebens
als Weiser sich freu'n,
Er ist unser Abgott, dem alle sich weih'n.

282. ¡Viva Sarastro! ¡Por siempre viva!
¡A él nos confiamos con alegría!
Que siempre pueda gozar sabiamente
de la vida. Él es nuestro ídolo,
al que todos nos consagramos.

Arrodillándose.

PAMINA

Herr, ich bin zwar Verbrecherin,
Ich wollte deiner Macht entflieh'n!
Allein die Schuld liegt nicht an mir:
Der böse Mohr verlangte Liebe;
Darum, o Herr, entfloh ich dir.

(*Se arrodilla ante Sarastro.*)

283. Señor, es cierto que soy culpable,
pues quería escapar a tu poder.
Pero la culpa no es sólo mía:
ese moro malvado solicitaba mi amor;
por ello, oh señor, huía yo de ti.

SARASTRO

Steh, auf, erheitre dich, o liebe!
Denn ohne erst in dich zu dringen,
Weiss ich von deinem Herzen mehr:
du liebest einen Andern sehr.
Zur Liebe will ich dich nicht zwingen,
Doch geb' ich dir Freiheit nicht.

284. ¡Levántate, serénate, querida!
Pues antes incluso de apremiarte sé
ya muchas cosas de tu corazón:
amas mucho a otro.
No quiero obligarte a amarme,
pero tampoco te daré la libertad.

PAMINA

Mich rufe ja die Kindespflicht,
denn meine Mutter...

285. Me llama el amor filial,
pues mi madre...

SARASTRO

... steht in meiner Macht.
Du würdest um dein Glück gebracht, wenn
ich dich ihren Händen liesse.

286. ... está en mi poder.
Perderías tu felicidad para siempre
si te dejase en sus manos.

PAMINA

Mir klingt der Muttername süsse;
Sie ist es...

287. El nombre de mi madre es dulce
a mis oídos. Ella es mi madre...

SARASTRO

... und ein stolzes Weib!
Ein Mann muss eure Herzen leiten,
denn ohne ihn pflegt jedes Weib
aus ihrem Wirkungskreis zu schreiten.

288. ...¡y una mujer orgullosa!
Un hombre debe guiar vuestro corazón,
pues sin él suelen las mujeres sobrepasar
fácilmente la esfera que les corresponde.

Entra Monostatos con Tamino prisionero.

MONOSTATOS

Nun, stolzer Jüngling, nur hierher!
Hier ist Sarastro, unser Herr.

289. Bien, joven orgulloso, ven aquí,
éste es Sarastro, nuestro señor.

PAMINA

Er ist's!

290. ¡Es él!

TAMINO

Sie ist's!

291. ¡Es ella!

PAMINA

Ich glaub' es kaum!

292. ¡Casi no me lo creo!

TAMINO

Es ist kein Traum!

293. ¡No es un sueño!

PAMINA

Es schling mein Arm sich um hin her!

294. ¡Mis brazos quieren estrecharlo!

TAMINO

Es schling mein Arm sich um sie her!

295. ¡Mis brazos quieren estrecharla!

PAMINA, TAMINO

... Und wenn es auch mein Ende wär!

296. ... ¡Aunque eso fuera mi final!

Se abrazan.

POPULACHO, PRIESTS

Was soll dass heissen?

297. ¿Qué significa esto?

MONOSTATOS

Welch eine Dreistigkeit!
Gleich auseinander!
Das geht zu weit!

298. ¡Pero qué atrevimiento!
¡Separaos!
¡Es demasiado!

Los separa y se arrodilla luego ante Sarastro.

MONOSTATOS (*continuato*)

Dein Sklave liegt zu deinem Füssen:
Lass den verweg'nen Frevler büssen!
Bedenk', wie frech der Knabe ist!
Durch dieses selseltnen Vögels List.
Wollt er Pamina dir entführen;
aflein ich wusst ihn auszuspühren.
Du kennst mich! Meine Wachsamkeit...

Tu esclavo está postrado a tus pies:
¡castiga a ese sacrílego temerario!
¡Piensa en lo audaz que es!
Sirviéndose de la astucia de ese extraño
pájaro, quería arrebatarte a Pamina.
¡Sólo yo conseguí descubrirlo!
¡Tú me conoces! Mi vigilancia...

SARASTRO

... Verdient, dass man ihr Lorber streut!
He, gebt dem Ehrenmann sogleich...

299. ... Merece una recompensa. ¡Eh!
Dad enseguida a este hombre de honor...

MONOSTATOS

Schon dein Gnade macht mich reich!

300. ¡Tu gracia basta para enriquecerme!

SARASTRO

... nur sieben und siebenzig Sohlenstreich!

301. ... sólo setenta y siete azotes en las plantas
de los pies.

MONOSTATOS

Ach Herr, den Lohn verhofft ich nicht.

302. ¡Ay, señor, no es esa la recompensa que
esperaba!

SARASTRO

Nicht Dank, es ist ja meine Pflicht!

303. ¡No me lo agradezcas, es mi deber!

Se llevan a Monostatos.

POPULACHO Y SACERDOTES

Es lebe Sarastro, die göttliche Weise!
Er lohnet und strafet in änlichem Kreise.

304. ¡Viva Sarastro, el divino sabio!
Premia y castiga con justicia.

SARASTRO

Führt diese beiden Fremdlinge
in unsern Prüfungstempel ein;
bedecket ihre Häupter dann,
sie müssen erst gereinigt seyn.

305. Conducid a estos dos extranjeros
a nuestro Templo, donde pasarán l
as pruebas; cubridles las cabezas,
antes deben ser purificados.

Dos sacerdotes traen unos sacos y cubren con ellos las cabezas de Tamino y de Papageno.

TODOS

Führt diese beiden Fremdlinge
in unsern Prüfungstempel ein;
bedecket ihre Häupter dann,
sie müssen erst gereinigt seyn.

Cuando la virtud y la justicia glorifican
306. el camino de los grandes entonces
la Tierraes un reino celestial
y los mortales son semejantes a los dioses.

Acto Segundo

ESCENA I.

Un bosque de palmeras. Los sacerdotes entran en solemne procesión.
Una marcha acompaña su paso. Sarastro sale en último lugar y se sitúa en el centro.

SARASTRO

Ihr, in dem Weisheitstempel eingeweihten
Diener der grossen Göttin Osiris und Isis!
Mit reiner Seele erklär ich euch, daaa unsre
heutige Versammlung eine der wichtigsten
unsrer Zeit ist.
Tamino, ein Königssohn, 20 Jahre seines
Alters, wandelt an der nördlichen Pforte
unsers Tempels, und seufzt mit tugendvollem
Herzen nach einem Gegenstande, den wir alle
mit Mühe und Fleiss erringen müssen.
Kurz, dieser Jüngling will seinen nächtlichen
Schleyer von sich reissen, und ins Heiligthum
des grössten Lichtes blicken.
Diesen Tugendhaften zu bewachen, ihm
freundschaftlich die Hand zu bieten, sey
heute eine unsrer wichtigsten Pflichten.

PRIMER SACERDOTE

Er besitzt Tugend?

SARASTRO

Tugend!

TERCER SACERDOTE

Auch Verschwiegenheit?

SARASTRO

Verschwíegenheit!

307. ¡Oh vosotros, servidores iniciados de los dioses Osiris e Isis! Con pureza de alma os digo que la reunión de hoy es una de las más importantes de nuestra época: Tamino, hijo de rey, de veinte años de edad, está en la puerta norte del Templo, y con el corazón lleno de virtud aspira a conseguir algo que todos nosotros hemos tenido que conseguir con esfuerzo y fatiga. En resumen, quiere arrancarse su velo nocturno y ver en santidad la mayor luz que en el mundo existe. Hoy nuestro deber es velar por ese virtuoso y ofrecerle amistosamente la mano.

308. ¿Es virtuoso?

309. ¡Virtuoso!

310. ¿Es también discreto?

311. ¡Discreto!

SEGUNDO SACERDOTE
Ist wohltätig?

SARASTRO
Wolthätig! Haltet ihr ihn für würdig,
so folgt meinem Beispiel.

En señal de aprobación suena un triple acuerdo de trompa.

Gerührt über die Einigkeit eurer Herzen,
dankt Sarastro euch im Namen der
Menschheit. Mag immer das Vorurteil seiden
Tadel über uns Eingeweihte auslassen,
Weisheit und Vernunft zerstückt es gleich
dem Spinnengewebe. Unsere Säulen
erschüttern sie nie. Jedoch das böse Vorurteil
soll schwinden, sobald Tamino selbst die
Grösse unserer schweren Kunst besitzen wird.
Pamina, das sanfte, tugendhafte Mädchen,
haben die Götter dem holden Jüngling
bestimmt; dies ist der Grund, warum ich sie
der stolzen Mutter entriss. Das Weib dünkt
sich gross zu sein, hofft durch Blendwerk und
Aberglauben das Volk zu berücken und
unsern festen Tempelbau zu zerstören.
Allein, das soll sie nicht. Tamino, der holde
Jüngling selbst, soll ihn mit uns befestigen
und als Eigeweihter der Tugend Lohn, dem
Laster aber Strafe sein.

ORADOR
Grosser Sarastro, deine weisheitsvollen.
Reden erkennen und bewundern wir;
allein wird Tamino auch die harten
Prüfungen, so seiner warten, bekämpfen?
Verzeih, dass ich so frei bin, dir meinen
Zweifel zu eröffnen!
Mir bangt es um den Jüngling.

312. ¿Practica las buenas obras?

313. ¡Las buenas obras! Si lo tenéis por digno,
seguid mi ejemplo...

Conmovido por el sentimiento unánime de
vuestros corazones, Sarastro os da las gracias
en nombre de la humanidad.
Aunque los prejuicios lancen sobre
nosotros, los iniciados, sus críticas, la
sabiduría y la virtud los romperán como
una telaraña. No harán tambalear las
columnas de nuestro Templo. Al contrario,
los malvados prejuicios se desvanecerán tan
pronto Tamino posea la grandeza de
nuestro difícil arte. Pamina, muchacha
dulce y virtuosa, ha sido destinada por los
dioses a este bello joven. Tal es la razón por
la que la separé de su madre, una mujer
llena de arrogancia y soberbia. Una mujer
que cree ser muy grande, y que espera
poder, con falsedades e imposturas, engañar
al pueblo y destruir el sólido edificio de
nuestro Templo. ¡Pero no lo conseguirá!
Tamino, ese joven bueno y hermoso, lo
consolidará con nosotros, y como iniciado
sabrá premiar al virtuoso y castigar al
malvado.

Suena de nuevo el triple acorde de trompa.

314. Gran Sarastro, reconocemos estas palabras
llenas de sabiduría,
y nos sentimos maravillados. Pero,
¿soportará Tamino las duras pruebas
que le aguardan? Perdona que con tanta
libertad manifieste mis dudas.
Si temo, es por el joven.

ORADOR (*continuato*)

Wenn nun, im Schmerz dahingesunken,
sein Geist ihn verliesse und er dem harten
Kampf unterläge?
Er ist Prinz.

Y si ahora, abatido por el dolor,
el espíritu le abandonara y se dejara vencer
por la dura lucha?
No lo olvides: es un príncipe.

SARASTRO

Noch mehr! Er ist Mensch!

315. ¡Más todavía! ¡Es un hombre!

ORADOR

Wenn seyn Geist ihn nun verliesse,
er im harten Kampfe unterläge?

316. Pero, ¿y si ahora, en la flor de la juventud,
perdiera la vida?

SARASTRO

Dann ist er Osiris und Isis gegeben,
und Wird der Götter Freuden früher fühlen.

317. Querría decir que, destinado a Osiris,
disfrutará de la alegría de los dioses antes
que nosotros.

Vuelve a sonar el triple acorde.

Man führe Tamino mit seynem
Gefährten in den Vorhof des Tempels ein.

Que lleven a Tamino y a su compañero de
viaje al atrio del Templo.

Al Orador, que se arrodilla ante él.

Und du, Freund, den die Götter durch uns
zum Verteidiger der Wahrheit bestimmten,
vollziehe dein heiliges Amt und lehre durch
deine Weisheit beide, was Pflicht der
Menschheit sei, lehre sie die Macht der Götter
erkennen!

Y tú, amigo, a quien los dioses designaron
como defensor de la verdad, cumple tu
sagrado ministerio y enséñales con tu
sabiduría cuáles son los deberes de la
humanidad y enséñales también a
reconocer el poder de los dioses.

Sale el Orador acompañado de otro sacerdote.

O Isis und Osiris, schenket der Weisheit
Geist dem neuen Paar! Die ihr der Wand'rer
Schritte lenket. Stärkt mit Geduld sie in
Gefahr.

¡Oh Isis y Osiris, concededles
el espíritu de la sabiduría!
Que se ella su guía en el camino y les
fortalezca en el peligro dándoles paciencia.

TERCER, SACERDOTE

Grosser Sarastro, deine weisheitsvollen
Reden erkennen und bewundern wir;
allein wird Tamino auch die harten
Prüfungen die seyner warten ertragen?

318. Gran Sarastro, nosotros conocemos y
admiramos tus sabias palabras;
Tamino también confrontará los duras
pruebas que le esperan?

TERCER, SACERDOTE (*continuato*)
Verzeih, dass ich so frei bin,
dir meine Zweifel zu eroffnen! Er ist Prinz.

¡Perdona si me tomo la libertad.
De revelarte mis dudas! El es un Príncipe.

SARASTRO
Mehr noch-er ist Mensch!

319. ¡Mas que eso, él es hombre!

TERCER, SACERDOTE
Wenn seyn Geist ihn nun verliesse,
er im harten Kampfe unterläge?

320. Supon que su espíritu lo abandone,
y que él sucumba en la gran lucha?

SARASTRO
Dann ist er Osirís und Isis gegehen,
und Wird der Götter Freuden früher fühlen.

321. Entonces será dado a Osiris e Isis, y sentirá
antes que nosotros los placeres de los dioses.

Los sacerdotes hacen sonar tres veces sus cuernos.

Man führe Tamino mit seynem
Gefahrten in den Vorhot des Tempels ein.

Tamino y su compañero de viaje
Serán conducidos al atrio del Templo.

LOS SACERDOTES
Und ihr Freunde, vollziehet euer heilig
Amt leheret sié die Macht der Götter
erkennen!

322. ¡Y tu amigo, realiza tu sagrado ministerio
y enséñalesa reconocer el poder de los
dioses!

SARASTRO
O Isis und Osirís, schenket
Der Weisheit Geist dem neuen Paar!
Die ihr der Wand'rer Schrítte lenket,
stärkt mit Geduld sie in Gefahr.

323. ¡Oh Isis y Osiris otorgad a la nueva pareja
el espítiru de la sabiduria!
Vosotros que guiais los pasos del caminante
robusteced los con paciencia en el peligro.

SACERDOTES
Stärkt mit Geduld sie in Gefahr.

324. Fortalecedlos en el peligro dándoles
paciencia.

SARASTRO
Lasst sie der Prüfung Früchts sehen.
Doch sollten sie zu Grabe gehen,
so lohnt der Tugend kühnen Lauf,
nehmt sie in euren Wohnsitz auf.

325. Hacedles ver el premio de la prueba; y si
debieran ir a la tumba, recompensad su
audaz virtud, acogiéndolos en vuestra
celestial morada.

SACERDOTES
Nehmt sie in euren Wohnsitz auf.

326. Acogedlos en vuestra celestial morada.

Salen, en cabeza Sarastro, y todos los demás, detrás de él.

58

ESCENA II.

De noche. A lo lejos se oyen truenos.
La escena tiene ahora lugar en el reducido atrio del Templo,
con restos de columnas y pirámides, rodeados de zarzas.
Tamino y Papageno son introducidos por el Orador y dos sacerdotes.
Éstos les quitan los sacos que les cubrían la cabeza. Después se van.

TAMINO
Eine schreckliche Nacht!
Papageno, bist du noch bey mir?

327. ¡Qué noche tan horrible!
       Papageno, ¿sigues a mi lado?

PAPAGENO
Ja, freylich!

328. ¡Claro que sí!

TAMINO
Wo denkst du, dass wir uns nun befinden?

329. ¿Dónde crees que nos encontramos?

PAPAGENO
Wo? Ja, wenn's nicht so finster wäre,
wollt' ich dir das schon sagen, aber so...

330. ¿Dónde? Si no estuviera oscuro,
       te lo diría ahora mismo, pero...

Se oye un trueno.

Oh! O weh!

¡Ay de mí!

TAMINO
Was ist's?

331. ¿Qué pasa?

PAPAGENO
Mir, mir wird nicht wohl bei der Sache.

332. ¡Esto no me gusta nada!

TAMINO
Du hast Furcht, wie ich höre.

333. Por lo que veo, tienes miedo.

PAPAGENO
Furcht eben mir nicht níer-nur eiskalt
Lauft 's mir über den Rücken.

334. No es miedo exactamente,
       sino un escalofrío que me recorre la
       espalda.

Un fuerte trueno.

Oweh!

¡Ay de mi!

TAMINO
Was soll's?

335. ¿Qué te pasa ahora?

59

PAPAGENO

Ich glaube, ích bekomme ein kleines Fieber.

336. Me parece que tengo un poco de fiebre.

TAMINO

Pfui, Papageno! Sei ein Mann!

337. ¡Vamos, sé un hombre!

PAPAGENO

Ich wollt, ich wär ein Mädchen!

338. En este momento preferiría ser una mujer!

Se oye un trueno más fuerte.

O weh, das ist mein letzter Augenblick!

¡Oh, oh, oh! ¡Ha llegado mi última hora!

Entran el Orador y un sacerdote con antorchas.

PRIMER SACERDOTE

Ihr Fremdlinge,
was sucht oder fordert ihr von uns?
Was treibt euch an, in unsre Mauern
zu dringen?

339. Extranjeros,
¿qué buscáis o qué esperáis de nosotros?
¿Qué es lo que os mueve a penetrar
en nuestros muros?

TAMINO

Freundchaft und Liebe.

340. La amistad y el amor.

PRIMER SACERDOTE

Bist du bereit, sie mít deinem Leben Zu
erkämpfen?

341. ¿Estás preparado a luchar por conquistarlos
con tu vida?

TAMINO

Ja!

342. Si!

PRIMER SACERDOTE

Auch wenn Tod dein Loos wäre?

343. ¿Aunque tu destino fuera la muerte?

TAMINO

Ja!

344. ¡Sí!

PRIMER SACERDOTE

Prinz, noch ists Zeit zu weichen
einen Schritt weiter, und es ist zu spät.

345. Príncipe, todavía estás a tiempo de cambiar...
un paso más y será ya demasiado tarde.

TAMINO

Weisheitslehre sey mein Sieg; Pamina,
das holde Mädchen mein Lohn.

346. Sea mi victoria conocer la sabiduría, y
mi dulce Pamina sea la recompensa.

PRIMER SACERDOTE

Du unterziehst jeder Prüfung dich?

347. ¿Te someterás a todas las pruebas?

TAMINO

Jeder!

348. ¡A cada una de ellas!

PRIMER SACERDOTE

Reiche deine Hand mir!

So!

349. ¡Dame tu mano!
(*Se estrechan las manos.*)
¡Así!

SEGUNDO SACERDOTE

Ehe du weiter sprichst, erlaube mir ein Paar
Worte mit diesem Fremdlinge zu sprechen.
Willst auch du dir Weisheitslehre erkämpfen?

(*A Papageno*)

350. Antes de que vuelvas a hablar, permíteme
que diga unas palabras a este forastero.
¿Quieres también luchar por conquistar
el amor y la sabiduría?

PAPAGENO

Käpmfen ist meine Sache nicht.
Ich Verlange auch im Grunde auch gar keine
Weisheit. Ich binso ein Naturmensch, der
sich mit Schlaf, Speise und Trank Begnügt.
Und wenn es ja seyn könnte, dass ich mir
einmahl ein schönes Weibchen Fange, dann...

351. Luchar no es lo mío. Y, en el fondo,
tampoco deseo la sabiduría.
Yo soy un hombre natural, que se contenta
con el sueño, la comida y la bebida;
y si pudiera ser que alguna vez cazase a una
bella mujercita...

SEGUNDO SACERDOTE

Die wirst du nie erhalten, wenn du
Dich nicht unsern Prüfungen unterziehst.

352. Si no te sometes a nuestras pruebas,
nunca la obtendrás.

PAPAGENO

Worinn besteht diese Prünfug?

353. ¿Y en qué consiste la prueba?

SEGUNDO SACERDOTE

Dich allen unsern Gesetzen unterwerfen,
selbst den Tod nicht scheuen.

354. En someterte a todas nuestras leyes
y en no temer ni siquiera la muerte.

PAPAGENO

Ich bleibe ledig!

355. ¡Seguiré soltero!

SEGUNDO SACERDOTE

Aber wenn du dir ein tugendhaftes schönes
Mädchen erringen könntest?

356. ¿Y si pudieras conseguir
una muchacha bella y virtuosa?

PAPAGENO

Ich bleibe ledig!

357. ¡Seguiré soltero!

SEGUNDO SACERDOTE
Wenn nun aber Sarastro dir ein Mädchen
aufbewahrt hätte, das an Farbe und Kleidung
dir ganz gleich wäre?

PAPAGENO
Mir ganz geich? Ist sie jung?

SEGUNDO SACERDOTE
Jung und schön!

PAPAGENO
Und heisst?

SEGUNDO SACERDOTE
Papagena.

PAPAGENO
Papagena?... Haha, die möcht ich
aus blosser Neugierde sehen.

SEGUNDO SACERDOTE
Sehen kannst du sie!

PAPAGENO
Aber wenn ich sie gesehen habe,
Hernach muss ich sterben?
Ja? Ich bleibe ledig!

SEGUNDO SACERDOTE
Sehen kannst du sie,
aber bis zur Verlaufenen Zeit kein
Wort mit ihr sprechen. Wird dein Geist
so viel Standhaftigkeit besitzen,
deine Zunge in Schranken zu halten?

PAPAGENO
O ja!

SEGUNDO SACERDOTE
Deine Hand! Du sollst sie sehen.

358. ¿Y si Sarastro te hubiera reservado una
muchacha que fuese igual que tú, en el
aspecto y en el vestido?

359. ¿Igual que yo? ¿Es joven?

360. ¡Joven y bella!

361. ¿Y cómo se llama?

362. Papagena.

363. ¿Papagena? ... Me gustaría verla,
sólo por curiosidad.

364. ¡Podrás verla!

365. ¿Y he de morir una vez
que la haya visto?
¿sí? ¡Seguiré soltero!

366. Podrás verla, pero hasta que llegue
el momento autorizado, no podrás decirle
una sola palabra. ¿Tu espíritu tendrá
la fortaleza necesaria para mantener
la boca cerrada?

367. ¡Oh, sí!

368. ¡Tu mano! La verás.

PRIMER SACERDOTE

Auch dir Prinz, legen die Götter ein heilsames
Stillschweigen auf. Du wirst. Pamina sehen,
aber sie nie sprechen dürfen. Diess ist der
Anfang eurer Prüfungszeit.

LOS DOS SACERDOTES

Bewahret euch vor Wibertücken,
Dies ist des Bundes erste Pflicht.
Manch'weiser Mann liess sich berücken,
er fehlte, und versah sích's nicht.
Verlassen sah er sich am Ende,
vergolten seine Treu mit Hohn!
Vergebens rang er seyne Hände
Tod und Verzweiflung war seyn Lohn.

Los dos sacerdotes salen.

PAPAGENO

He, Lichter her! Lichter her!
Das ist doch ganz wunderlich,
so oft einen die Herren verlassen,
sieht man mit,
offenen Augen nichts!

TAMINO

Ertrag es mit Geduld und denke
es ist der Götter Wille.

Las tres damas surgen de repente.

LAS TRES DAMAS

Wie? Wie? Wie?
Ihr an diesem Schreckensort?
Nie, nie, nie,
Kommt ihr glücklich wieder fort!
Tamino, dir ist Tod geschworen!
Du Papageno bist verlohren!

PAPAGENO

Nein, nein, nein das wär zu viel!

369. También a ti, Príncipe, te imponen silencio
los dioses. Sin ese silencio estaríais
perdidos. ¡Verás a Pamina, pero no te estará
permitido hablar con ella! Éste es el inicio
de vuestro tiempo de prueba.

370. Cuidaos de las insidias femeninas:
¡es el primer deber de la alianza!
Hombres sabios se han trastornado,
han cometido faltas sin darse cuenta.
¡Al final se vieron abandonados,
y su fidelidad pagada con burlas!
Inútilmente se retorcieron las manos:
la muerte y la desesperación fueron su
recompensa.

371. ¡Eh, traed luces! ¡Traed luces!
Realmente es asombroso:
cada vez que esos señores nos dejan,
¡no se ve nada,
aunque se tengan abiertos los ojos!

372. Sopórtalo con paciencia y piensa que
es la voluntad de los dioses.

373. ¿Cómo? ¿Cómo? ¿Cómo?
¿Vosotros en este lugar de espanto?
¡Nunca, nunca, nunca
saldréis vivos de él!
¡Tamino, tu muerte es segura!
¡Papageno, estás perdido!

374. ¡No, no, no! ¡Sería demasiado!

TAMINO

Papageno schweige still!
Willst du dein Gelübde brechen.
Nichts mit Weibern hier zu sprechen?

375. Papageno, ¡cállate!
¿Es que vas a quebrantar tu voto de
no hablar aquí con mujeres?

PAPAGENO

Ihr hört ja, wir sind beyde hin.

376. Ya lo has oído, estamos perdidos.

TAMINO

Stille sag ich! Schweige still!

377. ¡Silencio, te digo! ¡Cállate ya!

PAPAGENO

Immer still, und immer still!

378. ¡Siempre silencio y siempre silencio!

LAS TRES DAMAS

Ganz nah ist euch die Königinn!
Sie drang in Tempel heimlich ein.

379. ¡Muy cerca de aquí está la Reina!
Ha entrado furtivamente en el Templo.

PAPAGENO

Wie? Was? Sie soll im Tempel seyn?

380. ¿Cómo? ¿Qué? ¿Está en el Templo?

TAMINO

Stille sag ich! Schweige still!
Wirst du immer so vermessen
Deiner Eidespflicht vergessen?

381. ¡Silencio, te digo! ¡Cállate!
¿Acaso serás tan atrevido para olvidar
el juramento?

LAS TRES DAMAS

Tamino hör! Du bist verlohren,
gedenke an die Königin!
Man zischelt viel sich in die Ohren,
von dieser Príester falschem Sinn.

382. ¡Tamino, escucha! ¡Estás perdido!
¡Piensa en la Reina de la Noche!
¡Se murmura mucho
de la falsedad de estos sacerdotes!

TAMINO

Ein Weiser prüft und achtet nicht
was der verworfne Pöbel spricht.

383. El sabio se atiene a las pruebas y no hace
caso de lo que dice la plebe vulgar.

LAS TRES DAMAS

Man sagt, wer ihrem Bunde schwört,
der verwünscht mit Haut und Haar.

384. Se dice, que quien se liga a ellos por
juramento, va al infierno en cuerpo y alma.

PAPAGENO

Das wär beim Teufel, unerhört!
Sag an Tamino, íst das wahr?

385. Por el diablo, ¡eso sería inaudito!
Dime, Tamino, ¿es verdad eso?

TAMINO

Geschwätz von Weibern nachgesagt,
von Heuchlem abar ausgedacht.

386. Pura palabrería, repetida por mujeres,
pero predicada por los hipócritas.

PAPAGENO

Doch sagt es auch die Königin.

387. Pero también la Reina lo dice.

TAMINO

Sie ist ein Weib,
hat Weibersinn.
Sei still, mein Wort sei dir genug,
denk'deiner Pflicht und handle klug.

388. Es una mujer
y actúa como mujer.
Tranquilo, te basta con mi palabra,
piensa en tu deber y obra sabiamente.

LAS TRES DAMAS

Warum bist du mit uns so spröde?
Auch Papageno schweigt, so rede!

(A Tamino)

389. ¿Por qué te muestras tan esquivo
con nosotras?
También Papageno calla... ¡habla, pues!

PAPAGENO

Ich möchte gerne woll...

390. Ya me gustaría... quisiera...

TAMINO

Still!

(A Papageno)

391. ¡Silencio!

PAPAGENO

Dass ich kann das Plaudern lassen,
Ist wahrlich eine Schand' für mich!

392. ¡Que yo no pueda dejar de parlotear,
es realmente una vergüenza para mí!

TAMINO

Dass du nicht kannst das Plaudern lassen,
ist wahrlich eine Schand' für dich!

393. ¡Que tú no puedas dejar de parlotear,
es realmente una vergüenza para ti!

LAS TRES DAMAS

Wir müssen sie mit Scham verlassen
es plaudert keiner sicherlich.
Von festem Geiste ist ein Mann,
Er denket, was er sprechen kann.

394. Debemos dejarlos. ¡Qué vergüenza!
es seguro que ninguno hablará.
Un espíritu firme tiene el hombre
que piensa lo que puede decir o no.

Las Damas se disponen a irse cuando se oyen, a lo lejos, los cantos de los iniciados.

SACERDOTES

Entweiht ist die heilige Schwelle!
Hinab mit den Weibern zur Hölle!

395. ¡El sagrado umbral ha sido profanado!
¡Que se hundan en el infierno csas mujeres!

LAS TRES DAMAS

O weh! O weh! O weh!

396. ¡Ay de mí! ¡Ay de mí!

Truenos, rayos, estrépitos; dos truenos muy fuertes.

PAPAGENO

O weh! O weh! O weh!

397. ¡Ay de mí! ¡Ay de mí!
(*Cae al suelo.*)

Aparecen con antorchas el Orador y el segundo sacerdote.

PRIMERO SACERDOTE

Heil dir, Jüngling! dein standhaft männliches
Betragen hat gesiegt. Zwar hast du noch
manch rauhen und gefährlichen Weg zu
wandern, den du aber durch Hülfe der Götter
glücklich endigen wirst.
Wir wollen also mit reinem Herzen
unsere Wanderschaft weiter fortsetzen.
So! nun komm.

398. ¡Salud, buen joven! Tu comportamiento
firme y varonil ha vencido. Aún deberás
recorrer un camino áspero y peligroso,
pero con la ayuda de los dioses saldrás
victorioso. Por ello queremos seguir,
con el corazón puro, tu peregrinaje.
(*Le pone el saco a Tamino.*)
¡Ven, pues!

SEGUNDO SACERDOTE

Was seh' ich! Freund, siehe auf!
Wie ist dir?

(*A Papageno*)
399. ¿Qué veo? Levántate, amigo
¿Cómo estás?

PAPAGENO

Ich lieg' in einer Ohnmacht!

400. ¡Estoy desmayado!

SEGUNDO SACERDOTE

Auf! Sammle dich und sey ein Mann!

401. ¡Levántate! ¡Sé un hombre!

PAPAGENO

Aber sagt mir nur, meine Herren,
warum muss ich denn alle diese
Qualen und Schrecken empfinden?
Wenn mir ja die Götter eine Papagena
bestimmten, warum muss ich sie denn mit so
viel Gefahren erringen?

(*Levantándose*)
402. Pero por favor, señores, decidme
por qué precisamente yo debo pasar
tantos males y espantos.
Si los dioses me han destinado
una Papagena, ¿por qué debo conquistarla
con tantos peligros?

SEGUNDO SACERDOTE

Diese neugierige Frage mag deine Vernunft
dir beantworten.
Meine Pflicht heischt, dich weiter zu führen.
Komm!

403. Tu propia razón puede contestar una
pregunta tan indiscreta.
¡Ven! Mi deber me obliga a seguir
guiándote!

Pone el saco a Papageno y sale con él.

66

PAPAGENO

Bei einer so ewigen Wanderschaft kann
einem die Liebe aber auf immer vergehen.

404. ¡Este viaje tan largo que parece eterno
incluso me quita las ganas de sentir el amor!

ESCENA III.

Un jardín donde duerme Pamina.
La luna ilumina su rostro. Monostatos entra furtivamente.

MONOSTATOS

Ha, da find ich ja die spröde Schöne!
Und um so einer geringen Pflanze wegen
wollte man meine Fusssohlen behämmern?
Also bloss dem heutigen Tag hab ich's zu
verdanken, dass ich noch mit heiler Haut
auf die Erde trete! Hm! Was war denn
eigentlich mein Verbrechen?

405. ¡Ah, ya vuelvo a encontrar a esta belleza tan
arisca! Y por una florecilla tan insignificante
querían molerme a palos las plantas de los
pies! Puedo agradecer al día de hoy tener
todavía la piel entera y poder pisar el suelo.
Veamos, ¿cuál era mi culpa?

Dass ich mich in eine Blume vergaffte,
die auf fremden Boden versetzt wa?
Und welcher Mensch, wenn er auch von
gelinderem Himmelsstrich daherwanderte,
würde bei so einem Anblick kalt und
unempfindlich bleiben?
Bei allen Sternen, das Mädchen wird mich
noch um meinen Verstand bringen!
Das Feuer, das in mir glimmt, wird mich noch
verzehren.

¿Haberme enamorado de una flor
trasplantada de un país extranjero?
¿Y qué hombre, ni que del cielo bajara,
se quedaría frío e impasible ante
semejante visión?
¡Por todas las estrellas!
Esta muchacha me hace perder
la razón! El fuego que me quema
acabará consumiéndome.

Wenn ich wüsste... dass ich so ganz allein und
unbelauscht wäre...
ich wagte es noch einmal.

Si hubiera sabido... que estaría solo y que
nadie puede verme...
volvería a probar...

Se abanica con las dos manos.

Es ist doch eine verdammt närrische Sache
um die Liebe! Ein Küsschen, dächte ich, liesse
sich entschuldigen.

¡Eso del amor es una maldita locura!
Pero un besito, un besito solo diría yo que
puede perdonarse.

Alles fühlt der Liebe Freuden, schnäbelt,
tändelt, herzt und küsst; und ich sollt'
die Liebe meiden, weil ein Schwarzer
hässlich ist!

Todos los seres vivos sienten las alegrías del
amor, se picotean, juguetean, se abrazan y
besan; y yo debo evitar el amor porque un
negro es feo.

MONOSTATOS (*continuato*)

Ist mir denn kein Herz gegeben? Bin ich nicht
von Fleisch und Blut? Immer ohne Weibchen
leben, wäre wahrlich Höllenglut!

Drum so will ich, weil ich lebe, schnäble,
küsse, zärtlich sein!

Lieber guter Mond, ve conrgebe,
eine Weisse nahm mich ein.

Weiss ist schön! Ich muss sie küssen;
Mond, verstecke dich dazu!

Sollt' es dich zu sehr verdriessen,
O so mach' die Augen zu!

¿Es que no poseo un corazón?
¿Es que no soy de carne y sangre?

¡Vivir sin una mujercita sería realmente
el fuego del infierno!

¡Porque soy un ser vivo, y quiero picotear,
besar, ser cariñoso!

Querida y buena luna, perdona,
una mujer blanca me ha conquistado.

¡Lo blanco es bello! He de besarla.
¡Oh luna, escóndete! ¡Si te molesta
demasiado, oh, entonces cierra los ojos!

Se desliza lenta y silenciosamente hacia Pamina.

La Reina de la Noche surge del suelo entre truenos.

LA REINA DE LA NOCHE
Zurück!

406. ¡Atrás!

PAMINA
Ihr Götter!

(Se despierta.)
407. ¡Oh dioses!

MONOSTATOS
O weh! Die Göttin der Nacht!

408. ¡Oh, La Diosa de la Noche!

PAMINA
Mutter! Mein Mutter!

(Saltando hacia atrás.)
409. ¡Ay de mí! Ésa es... la Reina de la Noche.

MONOSTATOS
Mutter? Ha ha,
das muss man von weitem baleuschen.

410. ¿Madre? Ay, yo,
¡He de escuchar lo que dicen!
(Se esconde.)

LA REINA DE LA NOCHE
Verdank es der Gewalt,
mit der man dich mir entriss,
dass ich noch deine Mutter mich nenne.
Wo ist der Jüngling, den ich an dich sandte?

411. Gracias a la violencia con
que te arrancaron de mí,
puedo darme aún el nombre de madre
¿Dónde está el joven que te envié?

PAMINA

Ach Mutter, der ist der Welt und den
Menschen auf ewig entzogen.
Er hat sich den Eingeweihten gewidmet.

LA REINA DE LA NOCHE

Den Eingeweihten?
Unglückliche Tochter,
nun bist du auf ewig mir entrissen.

PAMINA

Entrissen?
O fliehen wir liebe Mutter! unter deinem
Schutz trotz ich jeder Gefahr.

LA REINA DE LA NOCHE

Schutz? Liebes Kind, deine Mutter kann dich
nicht mehr schützen. Mit deines
Vaters Tod gieng meine Macht zu Grabe.

PAMINA

Mein Vater...

LA REINA DE LA NOCHE

Übergab freywillig den siebenfachen
Sonnenkreis den Eingeweihten;
diesen mächtigen Sonnenkreis trägt Sarastro
auf seiner Brust.
Als ich ihn darüber beredete, so sprach er mit
gefalteter Stirne:

«Weib! meine letzte Stunde ist da alle Schätze,
so ich allein besass, sind dein und deiner
Tochter.»

«Der alles verzehrende Sonnenkreis»,
fiel ich hastig ihm in die Rede.

«Ist den Geweihten bestimmt», antwortete er:

412. ¡Ay, madre! Ha desaparecido del mundo
y de entre las personas.
Se ha consagrado a los iniciados.

413. ¿A los iniciados?
¡Ay, hija mía, ahora sí que te han separado
de mí para siempre!

414. ¿Separado?
¡Huyamos, madre querida!
Protegida por ti desafío todos los peligros.

415. ¿Protegerte? Ay, hija mía, de nada puedo
ya protegerte. Con la muerte de tu padre
mi poder bajó a la tumba.

416. Mi padre...

417. Tu padre entregó libremente a los iniciados
el sol de los siete círculos. Este poderoso
círculo solar resplandece ahora en el pecho
de Sarastro.
Cuando intenté hablarle de ello, me dijo
con severidad:

«Mujer, ha llegado para mí la última hora...
todos mis tesoros, los que sólo yo poseía,
son tuyos y de tu hija.»

«¿Y el círculo que todo lo penetra?»
repliqué yo inmediatamente.

«Lo he destinado a los iniciados», dijo.

LA REINA DE LA NOCHE (*continuato*)

«Sarastro wird ihn so männlich verwalten, wie ich bisher. Und nun kein Wort weiter; forsche nicht nach Wesen, die dem weiblichen Geiste unbegreiflich sind. Deine Pflicht ist, dich und deine Tochter, der Führung weiser Männer zu überlassen.»

PAMINA

Liebe Mutter, nach allem dem zu schliessen, ist wohl auch der Jüngling auf immer für mich verloren.

LA REINA DE LA NOCHE

Verloren, wenn du nicht, eh' die Sonne die Erde färbt, ihn durch diese unterirdische Gewölber zu fliehen beredest.
Der erste Schimmer des Tages entscheidet, ob er ganz Dir oder den Eingeweihten gegeben sey.

PAMINA

Liebe Mutter, dürft ich den Jüngling als Eingeweihten denn nicht auch eben so zärtlich lieben, wie ich ihn jetzt liebe?
Mein Vater selbst war ja mit diesen weisen Männern verbunden; er sprach jederzeit mit Entzücken von ihnen, preisste ihre Güte ihren Verstand ihre Tugend.
Sarastro ist nicht weniger tugendhaft.

LA REINA DE LA NOCHE

Was hör ich!
Du meine Tochter könntest die schändlichen Gründe dieser Barbaren vertheidigen?
So einen Mann lieben, der mit meinem Todfeinde verbunden, mit jedem Augenblick mir meinen Sturz bereiten würde?
Siehst du hier diesen Stahl?
Er ist für Sarastro geschliffen.
Du wirst ihn tödten, und den mächtigen Sonnenkreis mir überliefern.

«Sarastro se servirá de él como yo he hecho hasta este momento. Y ahora ni una palabra más, no intentes saber cosas incomprensibles al espíritu femenino. Tu obligación es dejar, tú y tu hija, en manos de los hombres los asuntos importantes.»

418. Madre querida, ¿debo pensar, pues, que he perdido a este joven para siempre?

419. Para siempre, si no consigues que antes de que el sol dé color a la tierra huya corriendo de este lugar subterráneo. El primer rayo de luz decidirá si te quiere a ti o si se ha entregado a los iniciados.

420. Madre querida... ¿Y no podría amarle yo, a este joven, con la misma ternura, aunque fuera un iniciado? Mi padre se relacionaba con estos sabios, hablaba de ellos con elogios, alababa sus virtudes, su inteligencia, su bondad... Sarastro no es menos virtuoso que ellos.

421. ¡Qué estoy oyendo! Tú, mi hija, ¿podrías defender los mismos principios vergonzosos que estos bárbaros? ¿Amarías a un hombre aliado de mi enemigo mortal que en cada momento podría causar mi ruina? ¿Ves este puñal? Ha sido afilado para Sarastro. ¡Le matarás! Y así me devolverás el poderoso círculo solar.

PAMINA
Aber liebste Mutter!

(Quejándose)

422. ¡Pero madre...!

LA REINA DE LA NOCHE
Kein Wort!
Der Hölle Rache kocht in meinem Herzen,
Tod und Verzweiflung flammet um mich her!
Fühlt nicht durch dich Sarastro
Todesschmerzen,
So bist du meine Tochter nimmermehr.
Verstossen sey auf ewig und verlassen,
Zertrümmert alle Bande der Natur,
Wenn nicht durch dich Sarastro wird
erblassen!
Hört Rache,
Götter! Hört der Mutter Schwur.
Sie versinkt.

423. ¡Ni una palabra más! ¡La venganza
del infierno hierve en mi corazón,
la muerte y la desesperación arden a mi
alrededor! Si Sarastro no recibe
de tu mano el golpe mortal,
¡dejarás de ser hija mía,
te repudiaré, te abandonaré por toda
la eternidad! Destruidos quedarán todos
los lazos de la Naturaleza, si Sarastro
no expira por tu mano!
¡Escuchad!
¡Dioses de la venganza!
¡Escuchad el juramento de una madre!

Le da a Pamina el puñal y se hunde en el suelo.

PAMINA
Morden soll ich?
Götter! das kann ich nicht.
Das kann ich nicht!

424. ¿Yo debo matar?
¡No puedo!
¿Qué haré?

Se queda pensativa.

Monostatos entra muy contento, con paso rápido y furtivo.

MONOSTATOS
Sarastros Sonnenkreis hat also auch seyne
Wirkung? Und diesen zu erhalten soll das
Schöne Mädchen ihn morden?
Das ist Salz, in meine Suppe!

425. ¡Vaya, vaya! De modo que el círculo solar
de Sarastro tiene unas virtudes especiales.
Y para conseguirlo, esta hermosa muchacha
debe matarlo. Me va como anillo al dedo.

PAMINA
Aber, schwur sie nicht bei allen Göttern mich
zu verstossen, wenn ich den Dolch nicht
gegen Sarastro kehre? Götter! Was soll ich
tun?

426. Pero... ella ha jurado por todos los dioses
que me repudiará si no clavo
este puñal a Sarastro!
¡Dioses, decidme que debo hacer!

MONOSTATOS
Dich mir anvertrauen!

427. ¡Confiarte a mí!

Le quita el puñal.

PAMINA
Dir?

428. ¿A ti?

MONOSTATOS
Warum zitterst du?
Vor meiner schwarzen Farbe oder von dem
ausgedachten Mord?

429. ¿Porque tiemblas?
¿Por mi color negro o por el asesinato
premeditado?

PAMINA
Du weisst also?

(Tímidamente)
430. ¿Lo sabes, pues?

MONOSTATOS
Alles! Ich weiss sogar, dass nicht nur dein,
sondern auch deiner Mutter Leben in meiner
Hand steht. Ein einziges Wort sprech ich zu
Sarastro, und deine Mutter wird in diesem
Gewölbe in eben dem Wasser, das die
Eingeweihten reinigen soll, wie man sagt,
ersäufft. Aus diesem Gewölbe kommt sie nun
sicher nicht mehr mit heiler Haut, wenn ich
es will. Du hast nur einen Weg, dich und
deine Mutter zu retten.

431. Sí. Y también sé que tu vida y la de tu
madre están en mis manos. Una sola
palabra que diga a Sarastro, y tu madre irá a
parar a las aguas que bajo esta bóveda están
destinadas, según dicen, a purificar a los
iniciados.
Y no saldrá de esa bóveda con la piel entera,
si yo no quiero. No tienes más que un
camino para salvarte a ti y a tu madre.

PAMINA
Der wäre?

432. ¿Y cuál sería?

MONOSTATOS
Mich zu lieben!

433. ¡Amarme!

PAMINA
Götter!

(Temblando, para sí.)
434. ¡Dioses celestiales!

MONOSTATOS
Das junge Bäumchen jagt der Sturm
auf meine Seite. Nun, Mädchen!
Ja oder nein?

(Contento)
435. La tempestad ya empieza a inclinar este
tierno árbol hacia mi lado.
Vamos, muchacha. ¿Sí o no?

PAMINA
Nein!

(Decidida)
436. ¡No!

MONOSTATOS
Nein? Und warum? Weil ich die Farbe eines
schwarzen Gespenstes trage?
Nicht? Ha! So stirb!

437. ¡No! ¿Y por qué? Porque tengo el color de
un fantasma negro? ¿No es así?
¡Pues entonces morirás!

Le coge una mano.

72

PAMINA

Monostatos, sieh mich hier auf meinen Knien schone meiner!

MONOSTATOS

Liebe oder Tod!
Sprich! Dein Leben steht auf der Spitze.

PAMINA

Mein Herz hab ich dem Jüngling geopfert.

MONOSTATOS

Was kümmert mich dein Opfer. Sprich!

PAMINA

Nien!

MONOSTATOS

So fahre denn hin!

Sarastro se lanza sobre él para retenerle.

Herr, mein Unternehmen ist nicht strafbar, ich bin unschuldig! Man hat deinen Tod geschworen, darum wollte dich rächen.

SARASTRO

Ich weiss nur Allzuviel, weiss, dass deine Seele ebenso schwarz als dein Gesicht ist. Auch würde ich dies schwarze Unternehmen mit höchster Strenge an dir bestrafen, wenn nicht ein böses Weib, das zwar eine sehr gute Tochter hat, den Dolch dazu geschmiedet hätte. Verdank es der bösen Handlung des Weibes, dass du ungestraft davonziehst. Geh!

MONOSTATOS

Und jetzt suche ich die Mutter auf weil mir die Tochter nicht beschieden ist.

Se aleja.

PAMINA

Herr! Strafe meine Mutter nicht.
Der Schmerz, mich zu verlieren...

438. Monostatos, mírame arrodillada a tus pies!
¡Perdóname la vida!

439. ¡Tu amor o tu vida! ¡Habla!
¡Tengo tu vida en la punta de este puñal!

440. Mi corazón ya no es mío,
se lo he entregado a otro.

441. ¿Y qué me importa a mí eso? ¡Habla!

(Decidida)
442. ¡No!

443. ¡Prepárate a morir!

Señor, no me castiguéis, no soy culpable.
Ella había preparado tu muerte,
y yo quería vengarte.

444. Lo sé, sí, sé que tu alma es tan negra como tu rostro. Y yo castigaría tus negros propósitos con rigor, si no fuera que sé que hizo forjar este puñal una mujer malvada, que sin embargo es madre de una buena hija. Agradece, pues, que por la bondad de esta hija no te dé el castigo que mereces. Vete.

(Saliendo)
445. Puesto que la hija se me ha escapado, voy a probar suerte con la madre.

446. ¡Señor! No castigues a mi madre.
Es el dolor de perderme...

SARASTRO

Ich weiss alles. Weiss, dass sie in
unterirdischen Gemächarn des Tempels
hurumirrt und Rache über mich und die
Menschheit kocht.
Allein du sollst sehen, wie ich mich an deiner
Mutter räche. Der Himmel schenke nur dem
holden Jüngling Mut und Standhaftigkeit in
seinem Vorsatz, dann bist du mit ihm
glücklich, und deine Mutter soll beschämt
nach ihrer Burg zurückkehren.
In diesen heil'gen Hallen kennt man die
Rache nicht, und ist ein Mensch gefallen,
führt Liebe ihn zur Pflicht.
Dann wandelt er an Freundes Hand vergnügt
und froh ins bess're Land. In diesen heil'gen
Mauern, wo Mensch den Menschen liebt,
kann kein Verräter lauern, weil man dem
Feind vergibt. Wen solche Lehren nicht
erfreu'n, verdienet nicht ein Mensch zu sein.

447. Lo sé todo. Sé que vagarea por los sótanos
del Templo y que trama una venganza
contra mí y contra toda la humanidad.
Pero quiero que sepas de qué modo pienso
castigar a tu madre. Que el cielo conceda a
este buen joven la firmeza para perseverar
en sus grandes propósitos, y entonces tú
podrás ser feliz con él, y tu madre,
avergonzada, deberá retirarse a su castillo.
En estas naves sagradas no se conoce
la venganza; y si un hombre ha caído,
el amor lo conduce al deber. Entonces
camina alegre y contento, junto al amigo
hacia un país mejor. En estos muros
sagrados, donde el hombre ama al hombre,
no puede acechar ningún traidor, porque
al amigo se le perdona.
Quien no ama estas doctrinas no merece
ser un hombre.

Sarastro y Pamina salen.

ESCENA IV.

Un salón en donde el Orador y el segundo sacerdote introducen a Tamino y a Papageno.
Luego parten dejándolos solos.

ORADOR

Hier seyd ihr euch beyde allein überlassen.
Sobald die röchelnde Posaune tönt,
dann nehmt ihr euren Weg dahin.
Prinz, lebt wohl! Wir sehen uns,
eh' ihr ganz am Ziele seyd.
Noch einmal,
vergesst das Wort nicht: Schweigen.

448. Aquí debemos dejaros solos.
Cuando suene el trombón,
tomad este camino.
¡Adiós, príncipe!
Nos veremos antes de que acabe el viaje.
Y recordad bien: Silencio.
(Se va.)

SEGUNDO SACERDOTE

Papageno, wer an diesem Ort sein
Stillschweigen bricht, den strafen die Götter
durch Donner und Blitz. Leb wohl!

449. Recuerda bien, Papageno, si rompes el
silencio los dioses te castigarán con rayos y
truenos. Adiós.
(Se va.)

PAPAGENO

Tamino!

(Tras una pausa.)

450. ¡Tamino!

74

TAMINO

Sh!

PAPAGENO

Mit mir selbst werd' ich wohl sprechen
dürfen; und auch wir zwey können zusammen
sprechen, wir sind ja Männer.

TAMINO

Sh!

PAPAGENO

La la la! la la la!
Nicht einmal einen Tropfen Wasser bekommt
man bey diesen Leuten; viel weniger sonst was.

Ist dieser Becher für mich?

LA VIEJA

Ja, mein Engel!

PAPAGENO

Nicht mehr und nicht weniger als Wasser.
Sag du mir, du unbekannte Schöne! Werden
alle fremde Gäste auf diese Art bewirthet?

LA VIEJA

Freylich mein Engel!

PAPAGENO

So, so!
Auf die Art werden die Fremden auch nicht
gar zu häufig kommen.

LA VIEJA

Sehr weinig.

PAPAGENO

Kann mir es denken.
Komm Alte, setz sich her zu mir,
mir ist die Zeit verdammt lang.
Sage mal wie alt bist du denn?

(Con gesto de desaprobación.)
451. ¡Sh!

452. Supongo que conmigo sí puedo hablar,
y que nosotros dos también podemos
hablar, porque ambos somos hombres.

(Con gesto de desaprobación.)
453. ¡Sh!

(Cantando)
454. ¡Larala, larala!
Esta gente no nos dará ni una gota de agua,
y no hablemos de otras cosas!

Aparece una mujer de aspecto horrible, llevando en una bandeja un vaso con agua.

¿Es para mí, el agua?

455. ¡Sí, mi ángel!

456. Agua y sólo agua.
Dime, beldad desconocida,
¿a todos los forasteros les obsequiáis del
mismo modo?

457. ¡Claro que sí, ángel mío!

458. Vaya, vaya.
Pues así no deben de venir muchos
forasteros.

459. No muchos.

460. Ya me lo imagino.
Venga, mujer, siéntate aquí
conmigo; el tiempo se me hace largo.
¿Cuántos años tienes?

LA VIEJA
Wie alt?

461. ¿Cuántos años?

PAPAGENO
Ja!

462. ¡Si!

LA VIEJA
Achtzehn Jahr und zwei Minuten.

463. Dieciocho años y dos minutos.

PAPAGENO
Achtzehn Jahr und zwei Minuten.

464. Dieciocho años y dos minutos.

LA VIEJA
Ja!

465. ¡Si!

PAPAGENO
Ha ha ha! Ei du junger Engel.
Hast du auch schon einen Geliebten?

466. ¡Ja, ja, ja! Ya te digo yo, jovencita!
Y... ¿tienes novio?

LA VIEJA
Ja, freilich!

467. ¡Uy, sí, ya lo creo!

PAPAGENO
Ist er auch so jung wie du?

468. ¿Y es tan joven como tú?

LA VIEJA
Nicht gar, er ist um zehn Jahre älter.

469. No, tiene unos diez años más que yo.

PAPAGENO
Um zehn Jahre älter?
Das muss abere eine Líebe seyn.
Wie nennt sich denn dein Liebhaber?

470. ¡Unos diez años más que tú!
¡Debe ser un gran amor, el vuestro!
¿Y cómo se llama tu enamorado?

LA VIEJA
Papageno.

471. Papageno.

PAPAGENO
Papageno?
Wo ist iste denn dieser Papageno?

(Asustado, después de una pausa.)
472. ¿Papageno?
¿Y donde está ese Papageno?

LA VIEJA
Da sitzt er ja, mein Engel.

473. Aquí sentado, ángel mío.

PAPAGENO
Was? Ich wär'dein Geliebter?

474. ¿Yo? ¿Yo soy tu enamorado?

LA VIEJA
Ja, mein Engel!

475. Sí, ángel mío.

PAPAGENO
Sag du mir, wie heisst du denn?

476. Dime, ¿cómo te llamas?

LA VIEJA
Ich heisse...

477. Me llamo...

Se oye un estruendo muy fuerte. La mujer desaparece rápidamente.

PAPAGENO
O, weh!

478. ¡Ay, pobre de mí!

Tamino le amenaza con el dedo.

Nun sprech' ich kein Wort mehr!

¡No volveré a decir una sola palabra!

Los tres muchachos descienden suspendidos de lo alto.
Uno tiene la flauta; otro, el carillón.
Aparece una mesa bien provista.

LOS TRES MUCHACHOS
Seid uns zum zweiten Mal willkommen,
ihr Männer, in Sarastro's Reich.
Er schickt, was man euch abgenommen,
Die Flöte und der Glöckchen euch.
Wollt ihr die Speisen nicht verscbmächen,
so esset, trinket froh davon;
Wenn wir zum dritten Mal uns sehen,
ist Freude eures Muthes Lohn.
Tamino Mut! Nah'ist das Zíel.
Du Papageno, schweíge still, still.

479. Por segunda vez os damos la bienvenida,
oh varones, al reino de Sarastro.
Sarastro os devuelve lo que hace
poco os fue quitado, la flauta y el carillón.
No desdeñéis estos alimentos, que os
ofrecemos. Comed y bebed y reíd
contentos.
¡Cuando nos veamos por tercera vez, la
alegría será la recompensa de vuestro coraje!
¡Tamino, ánimo! La meta está cerca.
Y tú, Papageno, ¡permanece en silencio!

Desaparecen en lo alto, dejando una mesa puesta en el centro de la escena.

PAPAGENO
Tamino, wollen wir nicht speisen?

480. Tamino, ¿comemos?

Tamino toca su flauta.

PAPAGENO (*continuato*)

Blase du nur fort auf deiner Flöte, ich will meine Brocken blasen. Herr Sarastro führt eine gute Küche. Auf die Art, ja da will ich schon schweigen, wenn ich immer solche gute Bissen bekomme. Nun will ich sehen, ob auch der Keller so gut bestellt ist.

Ha! Das ist Götterwein!

¡Sí, tú ve tocando tu flauta, que yo iré zampando. El señor Sarastro tiene una cocina excelente. Sí, de este modo, me mantendré callado, mientras me vayan dando tan buenos bocados.
¿Estará tan bien provista la bodega?
(*Bebe.*)
¡Ah! ¡A eso le llamo yo un vino de dioses!

Calla la flauta. Aparece Pamina.

PAMINA

Du hier? Gütige Götter! Dank euch, dass ihr mich diesen Weg führtet.
Ich hörte deine Flöte und so lief ich pfeilschnell dem Tone nach.
Aber du bist traurig?
Sprichst nicht eine Silbe mit deiner Pamina?

(*Alegremente*)
481. ¡Tú aquí, Tamino? Gracias, dioses bondadosos por haberme hecho venir por este camino. Oí tu flauta... y corrí tras su música hacia donde tú estabas.
¿Pero es que estás triste? ¿No le dices ni una sola sílaba a tu Pamina?

TAMINO

Ah!

(*Suspirando*)
482. ¡Ah!

Hace señas a Pamina para que se aleje.

PAMINA

Wie? Ich soll dich meiden?
Liebst du mich nicht mehr?

483. ¿Cómo? ¿Debo evitarte?
¿Ya no me quieres?

TAMINO

Ah!

(*Suspirando*)
484. ¡Ah!

Vuelve a indicar a Pamina que se vaya.

PAMINA

Ich soll fliehen, ohne zu wissen, warum.
Tamino, holder Jüngling!
hab ich dich beleidigt?
O kränke mein Herz nicht noch mehr.
Bey dir such ich Trost, Hülfe...
Und du kannst mein liebevolles Herz noch mehr kränken? Liebst du mich nicht mehr?

¿Tendré que irme sin saber por qué?
Tamino, ¿acaso te he ofendido?

¡Ah, no entristezcas mi corazón!
En ti busco ayuda, confianza,
¿y tú hieres mi corazón?
¿Ya no me amas?

(*Tamino vuelve a suspirar.*)

Papageno, sage du mir, was ist mit meinem Freund?

Papageno, dime, ¿qué le pasa a mi amigo?

Papageno con las manos va empujando la comida dentro de la boca llena y le hace señas de que se vaya.

PAPAGENO

Hm, hm, hm.

485. Hm, hm, hm.

PAMINA

Wie? auch du? Erkläre mir wenigstens die
Ursache eures Stillschweigens.

486. ¿Cómo? ¿También tú? Aclárame,
por favor, el motivo de vuestro silencio.

PAPAGENO

Sst.

487. ¡Psss!

Hace señas para que se vaya.

PAMINA

O, das ist mehr als Kränkung,
mehr als Tod!
Ach ich fühls es ist verschwunden, ewig hin
der liebe Glück!
Nimmer kommt ihr, Wonnestunden,
meinem Herzen mehr zürück.
Sich, Tamino dies Tränen fliessen
Trauter, dir allein, dir allein;
fühlst du nicht der Liebe Sehnen,
so wird Ruh im Tode seyn.

488. ¡Queridísimo, único Tamino!
¡Oh, esto es peor que la muerte!
¡Ay, tengo el presentimiento de que la dicha
del amor ha desaparecido para siempre!
¡Nunca volveréis a mi corazón,
horas de delicia!
Mira... Tamino, querido,
estas lágrimas se vierten sólo por ti.
¡Si no sientes los anhelos del amor,
mi descanso estará en la muerte!

Se va llorando.

PAPAGENO

Nicht wahr, Tamino? Ja, ich kann auch
schweigen wenn's seyn muss? Bei so einem
Unternehmen bin ich immer ganz Mann.

Der Koch und der Kellermeister
sie sollen leben!

489. ¿No es cierto, Tamino, que también sé
callar cuando hay que callar? Yo, en estas
circunstancias, soy todo un hombre.
(Bebe.)
¡Viva el cocinero!
¡Viva el bodeguero?

Se oye un triple toque de trombones.
Tamino hace una señal a Papageno para ponerse en marcha,
pero éste sigue bebiendo con fruición. Tamino intenta arrastrar a Papageno.

Gehe du nur voraus, ich komme schon nach.
Der Stärkere bleibt da!

Empieza tú a andar, que yo ya te seguiré.
¡El más forzudo se queda aquí!

Tamino amenaza a Papageno y se va.

PAPAGENO (*continuato*)

Jetzt will ich mir's erst recht wohl sein lassen.	Ahora me instalo y como tranquilamente.
Da ich in meinem besten Appetit bin, soll	¿Por qué debería irme cuanto más apetito
ich gehen? Das lass ich wohl bleiben. Ich	tenía? No soy yo quien marchará.
ging' jetzt nicht fort, und wenn Herr Sarastro	No saldría de aquí ni que Sarastro
seine sechs Löwen an mich spannte.	me echara a sus leones.

Aparecen los leones y Papageno se asusta.

O, Barmherzigkeit, ihr gütigen Götter!	¡Dioses bondadosos, piedad,
Tamino, rette mich!	tened piedad de mí!
Die Herren Löwen machen eine	¡Tamino, sálvame, los señores leones quieren
Mahlzeit aus mir!	convertirme en su merienda!

Tamino vuelve, toca la flauta y los leones se van. Hace señas a Papageno para que le siga.

Ich gehe schon! Heiss du mich einen	¡Ya voy, ya voy! Llámame sinvergüenza
Schelm, wenn ich dir nicht in allem folge.	si no te sigo al acto.

Suenan los tres trombones.

Das geht uns an. Wir kommen schon.	Eso va por nosotros
Aber hör einmal, Tamino, was wird denn	¡Ya vamos, ya vamos!
noch alles mit uns werden?	Pero dime, Tamino, ¿qué nos sucederá?

Tamino señala el cielo.

Die Götter soll ich ihn frangen?	¿Quieres decir que lo pregunte a los dioses?

Tamino dice que sí mediante señas.

Ja, die könnten uns freilich mehr sagen als	Sí, claro, y también podrían decirnos más
wir wissen.	cosas que no sabemos.

Vuelven a oírse los trombones. Tamino tira de Papageno.

Eine nur nicht so, wir kommen noch immer	No corras, no corras, Tamino, que ya
zeitig genug, um uns braten zu lasen.	llegaremos a tiempo... de terminar asados.

ESCENA V.

La escena representa el interior de una pirámide. Sarastro, el Orador y algunos sacerdotes.
Dos sacerdotes llevan a hombros una pirámide iluminada; cada sacerdote lleva
en la mano una pirámide iluminada a modo de linterna.

LOS SACERDOTES

O Isis und Osiris, welche Wonne!	490. ¡Oh Isis y Osiris, qué delicia!
Die düst're Nacht verscheucht	El brillo del sol expulsa a la sombría noche.
der Glanz der Sonne.	Pronto el noble joven sentirá una vida
Bald fühlt der edle Jünglíng neues Leben	nueva; pronto estará completamente
bald ist er unserm Dienste ganz ergeben Sein	entregado a nuestro servicio.
Geist ist kühn, seyn Hertz ist rein, bald, bald,	Su espíritu es audaz, su corazón es puro,
bald wird er unser würdig seyn.	pronto será digno de nosotros.

Un sacerdote introduce con solemnidad a Tamino.

SARASTRO

Tamino, dein Betragen war bisher männlich	491. Tamino, hasta ahora tu comportamiento ha
und gelassen; nur hast du noch zwei	sido varonil y paciente; pero aún has de
gefährliche Wege zu wandern.	recorrer dos caminos peligrosos.
Schlägt dein Herz noch ebenso warm für	Si tu corazón late por Pamina con el mismo
Pamina und wünschest du einst als ein	ardor y deseas gobernar, algún día, como
weiser Fürst zu regieren, so mögen die Götter	sabio soberano, que los dioses te acompañen
dich ferner begleiten.	en el camino que te queda.
Deine Hand!	¡Dame tu mano!
Man bringe Pamina!	¡Que traigan a Pamina!

Es introducida Pamina, cubierta con un saco.

PAMINA

Wo bin ich? Welch eine fürchterliche Stille!	492. ¿Dónde estoy? ¡Qué espantoso silencio!
Saget, wo ist mein Jüngling?	Decidme, ¿dónde está Tamino?

SARASTRO

Er wartet deiner, um dir das letzte Lebewohl	493. Está aguardándote, para el último adiós.
zu sagen.	

PAMINA

Das letzte Lebewohl? Wo ist er?	494. ¡El último adiós! ¿Dónde está?
Führt mich zu ihm.	¡Llévame con él!

	(Quitándole el saco.)

SARASTRO

Hier!	495. ¡Aqui!

PAMINA

Tamino!	496. ¡Tamino!

TAMINO

Zurück!

PAMINA

Soll ich dich, Theurer! nicht mehr seh'n?

SARASTRO

Ihr werdet froh euch wieder seh'n!

PAMINA

Dein warten tödtliche Gefahren!

SARASTRO

Die Götter mögen mich bewahren!

TAMINO,

Die Götter mögen ihn mich bewahren!

PAMINA

Du wirst dem Tode nicht entgehen.
Mir flüstert Ahndung dieses ein!

SARASTRO

Der Götter Wille mag geschehen.
Ihr Wink soll ihm Gesetze seyn!

TAMINO

Der Götter Wille mag geschehen.
Ihr Wink soll mir Gesetze seyn!

PAMINA

O liebtest du, wie ích dich liebe,
du würdest nícht so ruhig seyn.

SARASTRO

Glaub'mir ich fühle gleiche Triebe
wird ewig dein Getreuer seyn.

TAMINO

Glaub'mir ich fühle gleiche Triebe
wird ewig dein Getreuer seyn.

SARASTRO

Die Stunde schlägt,
nun musst ihr scheiden!

497. ¡Atrás!

498. ¿Es que no voy a volver a verte, querido mío?

499. Volveréis a veros con alegría.

500. Te aguardan peligros mortales.

501. ¡Que los dioses le protejan!

502. ¡Que los dioses le protejan!

503. No escaparás a la muerte;
tengo ese presentimiento.

504. Cúmplase la voluntad de los dioses,
sus deseos son ley.

505. Cúmplase la voluntad de los dioses,
sus deseos son mi ley.

506. Oh si tu amaras como yo te amo,
no te irías con tanta calma.

507. Créeme, Pamina, siente los mismos
impulsos, te será fiel por toda la eternidad.

508. Créeme, siente los mismos impulsos,
te seré fiel por toda la eternidad.

509. ¡Ha sonado la hora,
debéis separaos!

PAMINA, TAMINO
Wie bittwer sind der Trennung Leiden!

SARASTRO
Tamino muss nun wieder fort.

TAMINO
Pamina ich muss wirklich fort!

PAMINA
Tamino muss nun wirklich fort?

TAMINO
Nun müsst ihr scheiden!

5 PAMINA
So muss ich fort!

TAMINO
Pamina, lebe wohl!

PAMINA
Tamino, lebe wohl!

SARASTRO
Nun eile, fort!
Dich ruft dein Wort...
... Die Stunde schlägt,
wir sehn uns wieder!

PAMINA, TAMINO
Ach gold'ne Ruhe!
¡Kehre wieder!

SARASTRO
Wie sehn uns wieder!

PAPAGENO
Tamino! Tamino!
willst du mich denn gänzlich verlassen?

510. ¡Qué amargos son los sufrimientos
de la separación!

511. Tamino debe irse ahora.

512. ¡Pamina, ahora debo irme!

513. ¿Tamino, debes irte, ahora?

514. ¡Sí, ahora debo irme!

515. ¡Debes irte!

516. ¡Pamina, adiós!

517. ¡Tamino, adiós!

518. Apresúrate a partir.
Te llama tu palabra.
Ha sonado la hora,
volveremos a vernos.

519. ¡Ay, áureo sosiego, regresa!
¡Adiós, adiós!

520. ¡Volveremos a vernos!
(Se alejan.)

(Desde fuera)
521. ¡Tamino! ¡Tamino!
¿Es que quieres abandonarme del todo?

PAPAGENO (*continuato*)
Wenn, ich nur wenigstens wüsste,
wo ich wäre! Tamino! Tamino!
So lang' ich lebe, bleib' ich nicht mehr von
dir nur diessmal verlass mich armen
Reisgefährten nicht!

(*Entra buscando a Tamino.*)
¡Si al menos supiese dónde estoy!
¡Tamino! ¡Tamino!
Por muchos años que viva no me separaré de
ti. Te lo suplico, no abandones
a tu pobre compañero de viaje!

Llega ante la puerta por donde se han llevado a Tamino.

UNA VOZ
Zurück!

(*Desde fuera*)
522. ¡Atrás!

Se oye un trueno; se ven salir llamaradas por la puerta y se oye un acorde poderoso.

PAPAGENO
Barmherzige Götter!
Wo wend' ich mich hin?
Wenn ich nur wüsste,
wo ich herein kam.

523. ¡Dioses misericordiosos!
¡Adónde voy, yo,
si ni siquiera sé cómo
he llegado hasta aquí!

Se acerca a la puerta por donde entró.

LA VOZ
Zurück!

524. ¡Atrás!

El trueno, las llamas y el acorde, como antes.

PAPAGENO
Nun kann ich weder zurück,
noch vorwärts!

Muss vieleicht am Ende gar
verhungern.
Schon recht!
Warum bin ich mitgereist.

525. ¡Pues ahora no puedo ni avanzar
ni retroceder!
(*Llora.*)
¡Y probablemente acabaré muriéndome
de hambre!
¡Ya te digo yo! ¿Por qué me habré embarcado
en este viaje?

Aparece el Orador con su pirámide.

ORADOR
Mensch! Du hättest verdient, auf ewig in
finsteren Klüften der Erde zu wandern,
die gütigen Götter aber entlassen
dir diese Strafe.
Dafür wirst du das himmlische
Vergnügen der Eingeweihten nie fühlen.

526. ¡Hombre! Habrías merecido vagar por
siempre en las oscuras profundidades
de la Tierra, pero los dioses benignos te
condonan la pena.
Pero, a cambio, nunca sentirás
las alegrías celestiales de los iniciados.

PAPAGENO

Je, nun, es giebt ja, auch noch mehr Leute
meinesgleichen. Mir wäre jetzt ein gutes Glas
Wein das allerhimmlischs Vergnügen.

ORADOR

Sonst has du keinen Wunsch
in dieser Welt?

PAPAGENO

Bis jetzt nicht!

ORADOR

Man wird dich damit bedienen.

527. Bueno hay muchas mas gentes como yo. Para
mi, en éste momento el placer mas divino de
todos seria un vaso de buen vino.

528. ¿Y no tienes ningún otro deseo
en este mundo?

529. Hasta ahora, no.

530. Pues ahora mismo te será servido.

Se va, y aparece, surgido del suelo, un gran vaso lleno de vino tinto.

PAPAGENO

Juhe! Da ist er schon!

Herrlich! Himmlisch! Gottlich!
Ich bin Jetzt. Ich bin jetzt so vergnügt,
dass ich bis zur Sonne fliegen wollte,
wenn ích-wenn ich Fügel hatte.
Mir wird-mir wird ganz seltsam ums Herz!
Ich möchte, ich wünschte, ja, was denn?

531. ¡Hurra! ¡Ya ha llegado!
(*Bebe.*)
¡Excelente! ¡Celestial! ¡Divino!
¡Ay! ¡Estoy tan contento que volaría hasta
el sol si tuviera alas! ¡Ay!
¡Siento algo muy extraño en el corazón!
Quisiera...
¿qué es lo que yo quisiera?

Con el carillón.

Ein Mädchen oder Weibchen wünscht
Papageno sich.
O so ein sanftes Täubchen war
Seligkeit für mich.
Dann schmeckte mir Trinken und Essen,
Dann könnt ich...
mit Fürsten mich messen,
des Lebens als Weiser mich freu'n
und wie im Elysium seyn.
Dann konnt ich...
Ein Mädchen oder Weibchen...
Ach kann ich denn keiner von allen
den rietzenden Mädchen gefallen?

Una muchacha o una mujercita
es lo que Papageno desea.
¡Oh, una suave pichoncita
sería para mí la bienaventuranza!
Me sabrían bien la comida y la bebida,
podría competir con los príncipes,
disfrutaría la vida como un sabio
y estaría como en el Elíseo.
Una muchacha o una mujercita
es lo que Papageno desea...
¡Oh, una suave pichoncita
sería para mí la bienaventuranza!
¡Ay! ¿Pero es que nunca gustaré
a ninguna de todas esas muchachas?

PAPAGENO (*continuato*)

Hülf eine mir nur aus der Not
sonst gräm'ich mich wahrlich zu Tod.
Ach, kann ich denn keiner gefallen? ...
Ein Mädchen oder Weibchen...
Wird keine mir Liebe gewähren,
so muss ich die Flamme verzehren!
Doch küsst mich ein weiblicher Mund,
so bin ich schon wieder gesund.

Que alguna me saque de mi miseria;
de lo contrario, moriré de dolor.
Una muchacha o una mujercita es lo que
Papageno desea. ¡Oh, una suave pichoncita
sería para mí la bienaventuranza!
¡Si ninguna me concede su amor,
me consumirán las llamas!
¡Pero si me besa una boca de mujer,
enseguida estaré sano otra vez!

Entra la mujer vieja, bailando y apoyándose en el bastón.

LA VIEJA

Da bin ich schon, mein Engel!

532. ¡Ya estoy aquí, ángel mío!

PAPAGENO

Du hast dich meiner erbarmt?

533. ¿Te has apiadado de mí?

LA VIEJA

Ja, freilich!

534. ¡Si, ángel mío!

PAPAGENO

Das ist ein Glück!

535. ¡Es una suerte!

LA VIEJA

Und wenn du mir versprichst mir ewig treu
zu sein, dann sollst du sehen, wie
zärtlich dich dein Weibchen lieben wird.

536. Y si me prometes serme siempre fiel
verás el cariño con que te amará tu
mujercita.

PAPAGENO

Ei, du zärtliches Närrchen!

537. ¡Qué dices, dulce tontuela!

LA VIEJA

O ich will dich umarmen,
liebkosen und an mein Herz drücken!

538. Ya ardo en deseos de abrazarte y acariciarte, y
estrecharte contra mi pecho.

PAPAGENO

Auch noch ans Herz drücken!

539. ¿También estrecharme contra tu pecho?

LA VIEJA

Komm, reich mir zum Pfand unsers Bundes
deine Hand.

540. Venga, dame la mano, como prenda de
nuestra unión.

PAPAGENO

Nur nicht so hastig, lieber Engel!
So ein Bündniss braucht doch auch seine
Überlegung.

LA VIEJA

Papageno, ich rathe dir, zaudre nicht.
Deine Hand, oder du bist auf immer hier
eingekerkert.

PAPAGENO

Eingeckerkert?

LA VIEJA

Wasser und Brod wird deine tägliche Kost
seyn. Ohne Freund, ohne Freundinn musst
du leben, und der Welt auf immer entsagen.

PAPAGENO

Wasser trinken? Der Welt entsagen?
Nein, da will ich doch lieber eine Alte
nehmen, als gar keine. Nun, da hast du
meine Hand, mit der Versicherung,
dass ich dir immer getreu bleibe.

So lang' ich keine schönere sehe.

LA VIEJA

Das schwörst du?

PAPAGENO

Ja, das schwör' ich!

La vieja se transforma en una bella muchacha, que va vestida igual que Papageno.

Pa-pa-Papagena!...

ORADOR

Fort mit dir, junges Weib!
Er ist deiner noch nicht würdig!

541. ¡No tan deprisa, ángel mío!
Hay que pensarse bien una unión de este
tipo.

542. Papageno, te lo aconsejo, ¡no titubees!
Tu mano, o para siempre quedarás
encarcelado aquí.

543. ¿Encarcelado?

544. Pan y agua y nada más será tu alimento
cada día. Y vivirás sin una amiga
y renunciarás al mundo para siempre.

545. ¿Beber agua? ¿Renunciar al mundo?
No, prefiero tomar a esta vieja
a no tomar a ninguna.
Bueno, ahí tienes mi mano,
te seré fiel por siempre...
(Para sí.)
¡Mientras no encuentre a otra más joven y
bonita!

546. ¿Lo juras?

547. ¡Sí, lo juro!

¡Pa-pa-Papagena!...
(Quiere abrazarla.)

(Cogiendo rápidamente la mano de Papagena.)
548. ¡Aléjale de aquí, joven mujer!
¡Aún no es digno de ti!

Arrastra fuera a Papagena. Papageno quiere seguirla.

ORADOR (*continuato*)
Zurück, sag ich, oder zittre!

¡Atrás, digo, o temblarás!

PAPAGENO
Eh' ich mich zurückziehe,
soll die Erde mich verschlingen.

549. Antes de dar un paso atrás,
me tragará la Tierra.
(*Se lo traga la Tierra.*)

O ihr Götter!

¡Oh dioses!

ESCENA VI.

Un jardín. Los tres muchachos descienden suspendidos de lo alto.

LOS TRES MUCHACHOS
Bald prangt, den Morgen zu verkünden
die Sonn'auf gold'ner Bahn,
bald soll der Aberglaube schwinden,
bald siegt der weise Mann.
O holde Ruhe, steig'hernieder,
kehr'in der Menschen Herzen wieder;
dann ist die Erd'ein Himmelreich,
und Sterbliche den Gottern gleich.

550. Pronto brillará, para anunciar la mañana,
el Sol en su órbita dorada. Pronto se
disipará la oscura superstición,
pronto vencerá el hombre sabio.
Oh noble sosiego, desciende, regresa
al corazón de los humanos;
será la Tierra un reino celestial
y los hombres serán como dioses.

PRIMER NIÑO
Doch seht, Verzweiflung quält
Paminen!

551. ¡Pero mirad, la desesperación atormenta
a Pamina!

SEGUNDO Y TERCER NIÑO
Wo ist sie denn?

552. ¿Dónde se encuentra?

PRIMER NIÑO
Sie ist von Sinnen!

553. ¡Ha perdido el juicio!

LOS TRES MUCHACHOS
Sie quält verschmähter Liebe Leiden.
Lasst uns der Armen Trost
bereiten fürwahr, ihr Schicksal
geht uns nah'.
O wäre nur ihr Jüngling da!
Sie kommt, last uns bei seite geh'n,
damit wir, was sie mache sehen.

554. Le atormentan los sufrimientos
del amor desdeñado.
¡Vayamos a consolar a esa pobre!
¡Su destino nos entristece también!
¡Oh, si el joven a quien ama
estuviese aquí cerca!
La muchacha llega, ocultémonos y así
podremos ver lo que hace.

Entra Pamina con un puñal en la mano.

PAMINA

Du also bist mein Bräutigam?
Durch dich vollend'ich meinem Gram!

LOS TRES MUCHACHOS

Welch dunkle Worte sprach sie da?
Die arme ist dem Wahnsinn nah'.

PAMINA

Geduld mein Trauter ich bin dein!
Bald werden wir vermhälet seyn!

LOS TRES MUCHACHOS

Wahnsinn tobt ihr im Gehirne,
Selbstmord steht aue ihrer Stime.

Holdes Madchen, sieh uns an!

PAMINA

Sterben will ich, weil der Mann
den ich nimmermehr kann hassen,
seine Traute kann verlassen!

Dies gab meine Mutter mir.

LOS TRES MUCHACHOS

Selbstmord strafet Gott an dir.

PAMINA

Lieber durch dies Eisen sterben,
als durch Liebesgram verderben!
Mutter, Mutter, durch dich leide ich,
und dein Fluch verfolget mich.

LOS TRES MUCHACHOS

Mädchen, willst du mit uns gehen?

PAMINA

Ja des Jammers Maas ist voll!
Falscher Jüngling, lebe wohl!
Sieh, Pamina stirbt durch dich;
Dieses Eisen tödte mich.

(Al puñal)

555. ¿De manera que tú eres mi novio?
     ¡Tú pondrás fin a todas mis penas!

(Para ellos)

556. ¿Qué significan esas oscuras palabras?
     La pobre está al borde de la locura.

557. ¡Paciencia, querido, soy tuya,
     pronto estaremos desposados!

558. La locura le altera el juicio,
     el suicidio le tienta.
     (A Pamina)
     ¡Noble muchacha, míranos!

559. Quiero morir porque el hombre
     al que nunca podré odiar ha
     abandonado a su fiel amada.
     (Señalando el puñal.)
     Esto me lo dio mi madre.

560. Dios te castigará por el suicidio.

561. Mejor morir por este puñal
     que perecer por penas de amor.
     Madre, sufro por ti
     y tu maldición me persigue.

562. Muchacha, ¿quieres venir con nosotros?

563. ¡Ay, la medida de mi dolor
     está colmada! ¡Joven pérfido, adiós!
     Mira, Pamina muere por ti:
     ¡que este acero me mate!

Va a clavárselo.

LOS TRES MUCHACHOS

halten ihr den Arm.
Ha, Unglückliche! halt ein;
Sollte dies dein Jüngling sehen,
Würde er für Gram vergehen;
Denn er liebet dich allein.

PAMINA

Was? Er fühlte Gegenliebe,
Und verbarg mir seine Triebe;
Wandte sein Gesicht von mir?
Warum sprach er nicht mit mir?

LOS TRES MUCHACHOS

Dieses müssen wir verschweigen!
Doch wir wollen dir ihn zeigen,
Und du wirst mit Staunen seh'n,
Dass er dir sein Herz geweiht,
Und den Tod für dich nicht scheut.

PAMINA

Führt mich hin, Ich möcht ihr she'n...

LOS TRES MUCHACHOS

Komm, wir wollen zu ihm geh'n.

TODOS

Zwei Herzen, die vor Liebe brennen,
kann Menschenohnmacht niemals trennen
Verloren ist der Feinde Müh',
die Götter selbsten schützen sie.

(Le sujetan el brazo.)

564.   ¡Alto, infeliz! ¡Deténte!
Si tu joven de quien hablas viera
lo que pretendes moriría de dolor;
pues te ama únicamente a ti.

(Se recobra)

565.   ¿Cómo? ¿Ha correspondido a mi amor?
¿Y me ha ocultado sus inclinaciones,
y ha apartado de mí su rostro?
¿Por qué no me habló?

566.   Eso debemos callarlo,
¡pero vamos a mostrártelo!
Y verás con asombro que te ha
consagrado su corazón y que por ti
no teme a la muerte.

567.   ¡Llevadme allá, quisiera verlo!

568.   Sí, ven con nosotros.

569.   Dos corazones que arden de amor,
ninguna fuerza humana podrá separarlos.
Vanos serán los esfuerzos de los enemigos,
pues los propios dioses los protegen.

Salen todos.

ESCENA VII.

Dos grandes montañas; en una, hay una cascada; la otra, arroja fuego.
Dos hombres con armadura negra traen a Tamino.

DOS HOMBRES ARMADOS

Der welcher wandert diese Strasse voll
Beschwerden, wird rein durch Feuer,
Wasser, Luft und Erden; wenn er des
Todes Schrecken überwinden kann schwingt
er sich aus der Erde himmel an. Erleuchtet
wird er dann im Stande seyn,
sich den Mysterien der Isis ganz zu weih'n.

570. Quien recorre este camino lleno
de peligros deberá purificarse con agua, aire,
fuego y tierra; si puede vencer el espanto
de la muerte pasará de la Tierra al cielo.
Estará iluminado y será capaz
de consagrarse enteramente
a los misterios de Isis.

TAMINO

Mich schreckt kein Tod als Mann
zu handeln, den Weg der Tugend fort
zu wandeln; schliesst mir die
Schreckenspforten auf!
Ich wage froh den kühnen Lauf.

571. No me da miedo la muerte si actúo como un
hombre y sigo el camino de la virtud.
Abridme las puertas del espanto,
osaré alegremente la audaz carrera.

PAMINA

Tamino, halt! Ich muss dich she'n.

(Desde lejos)

572. ¡Tamino, alto! He de verte.

TAMINO

Was hör'ich?
Paminen Stimme?

573. ¿Qué es lo que oigo?
¿La voz de Pamina?

DOS HOMBRES ARMADOS

Ja, ja, das ist Paminens Stimme!

574. ¡Sí, sí, es la voz de Pamina!

TAMINO

Wohl mir nun kann sie mit mir geh'n
nun trennet uns kein Schicksal mehr,
wenn auch der Tod beschieden wär!

575. Oh felicidad, ahora ella podrá acompañarme,
ahora ningún destino nos separará ya,
¡aunque nos espere la muerte!

DOS HOMBRES ARMADOS

Wohl dir, nun kann sie mit dir geh'n, nun
trennet euch kein Schicksal mehr, wenn
auch der Tod beschieden wär!

576. Oh felicidad, ahora ella podrá
acompañarte, ahora ningún destino os
separará ya, ¡aunque os espere la muerte!

TAMINO

Ist mir erlaubt, mit ihr zu sprechen?

577. ¿Me está permitido hablar con ella?

DOS HOMBRES ARMADOS

Eb ist erlaubt, mit ihr zu sprechen.

578. Te está permitido hablarle.

TAMINO

Welch' Glück, wenn wir uns wiedersehen...

579. ¡Qué felicidad volver a vernos...

DOS HOMBRES ARMADOS

Welch'Glück, wenn wir auch wiedersehen.

580. ¡Qué felicidad volver a veros!

TODOS

... froh Hand in Hand in Tempel geh'n
den Weg der Tugend fortzuwandeln;
schliesst mir die Schreckenspforten auf!
Ich wage froh den kühnen Lauf.

581. ¡Qué felicidad, caminar alegres hacia el
Templo, unidos de la mano!
Una mujer que no teme ni a la noche ni a la
muerte es digna de ser iniciada.

Un sacerdote trae a Pamina. Tamino y Pamina se abrazan.

PAMINA

Tamino mein! O welch ein Glück!

582. ¡Mi Tamino! Qué felicidad!

TAMINO

Pamina mein!
O welch ein Glückl Hier sind die
Schreckenspforten,
die Noth und Tod mir dräun.

583. ¡Pamina mía!
¡Oh, qué felicidad!
Aquí están las puertas del espanto,
que me amenazan con el dolor y la muerte.

PAMINA

Ich werde alter Orten an deiner Seite seyn;
ich selber führe dich;
die Liebe leitet mich!

584. Vayas donde vayas, a tu lado estaré.
Yo misma te guiaré,
el amor me guiará a mi.

Lo toma de la man.

Sie mag den Weg mit Rosen streun, weil
Rosen stets bei Dornen seyn.
Spiel du die Zauberflöte an.
Sie schütze uns auf unsrer Bahn;
Es schnitt in einer Zauberstunde
Mein Vater sie aus tiefstem Grunde
Der tausendjähr'gen Eiche aus
Bey Blitz und Donner, Sturm und Braus.
Nun komm und spiel' die Flöte an,
sie leite uns auf grauser Bahn.

Él sembrará de rosas el camino,
pues rosas y espinas van unidas.
Y si tú tocas tu flauta mágica,
ella nos protegerá en el camino.
En una hora mágica mi padre
la talló de lo más hondo
de una encina milenaria,
entre truenos y relámpagos, tempestades
y huracanes. Ven y toca la flauta,
nos guiará por el camino de espanto.

PAMINA, TAMINO

Wir wandeln durch des Tones
Macht froh durch des Todes düstre Nacht.

585. ¡Alegres atravesamos, gracias al poder
de la música, la sombría noche de la muerte!

LOS DOS HOMBRES ARMADOS

Ihr wandelt durch des Tones Macht froh
durch des Todes düstre Nacht.

586. ¡Alegres atravesáis, gracias al poder de la
música, la sombría noche de la muerte!

Tamino y Pamina se dirigen hacia la montaña que arroja fuego.
Atraviesan las llamas, entre los rugidos del viento.
Tamino toca su flauta. Así que salen del fuego, se abrazan.

PAMINA, TAMINO

Wir wandelten durch Feuergluten,
bekämpften mutig die Gefahr.
Dein Ton sei Schutz in Wasserfluten,
so wie er es im Feuer war.

587. Hemos atravesado las llamas ardientes,
hemos afrontado con valor el peligro.
Que tu música nos proteja del agua
como nos ha protegido del fuego.

Tamino toca la flauta. Se dirigen hacia la montaña de la cascada,
descienden y al poco tiempo vuelven a subir.
Enseguida aparece la entrada de un Templo que brilla iluminado.

Ihr Götter, welch ein Augenblick!
Gewähret ist uns Isis' Glück!

¡Dioses! ¡Qué instante!
¡Se nos ha otorgado la felicidad de Isis!

CORO

Triumph, Triumph! du edles Paar!
Besieget hast du die Gefahr!
Der Isis Weihe ist nun dein!
Kommt, tretet in den Tempel ein!

588. ¡Triunfo! ¡Triunfo! ¡Noble pareja!
¡Habéis vencido el peligro!
¡Isis os ha bendecido! ¡Entrad en el Templo!

ESCENA VIII.

Un jardín. Entra Papageno.

PAPAGENO

(Tocando la flauta de Pan.)

Papagena! Papagena! Papagena!
Weibchen! Täubchen! Meine Schöne!
Vergebens! Ach, sie ist verloren!
Ich bin zum Unglück schon geboren!
Ich plauderte, und das war schlecht, darum
geschieht es mir schon recht!
Seit ich gekostet diesen Wein...
seit ich das schöne Weibchen sah,
so brennt's im Herzenskämmerlein,
so zwickt's hier,
so zwickt's da.

589. ¡Papagena, Papagena, Papagena!
¡Mujercita, pichoncita, hermosa mía!
¡Es inútil! ¡Ay, la he perdido!
Es que he nacido para ser desgraciado.
He parloteado, y eso no estaba bien,
y por eso me lo tengo bien merecido.
Desde que probé aquel vino...
Desde que vi a la bella mujercita,
mi corazón arde en lo más íntimo,
me pincha en un lado,
me pincha en el otro.

PAPAGENO (*continuato*)

Papagena! Herzensweibchen!	¡Papagena, mujercita de mi corazón!
Papagena, liebes Täubchen!	¡Papagena, pichoncita querida!
's ist umsonst, es ist vergebens!	¡Es inútil, no sirve de nada!
Müde bin ich meines Lebens!	¡Estoy cansado de mi vida!
Sterben macht der Lieb' ein End',	La muerte pone fin al amor,
Wenn's im Herzen noch so brennt.	cuando quema tanto en el corazón.

Coge una cuerda.

Diesen Baum da will ich zieren, mir an ihm den Hals zuschnüren, Weil das Leben mir missfällt; Gute Nacht, du falsche Welt. Weil du böse an mir handelst, mir kein schönes Kind zubandelst, so ist's aus, so sterbe ich; Schöne Mädchen, denkt an mich. Will sich eine um mich Armen, eh' ich hänge, noch erbarmen, wohl, so lass ich's diesmal sein! Rufet nur, ja oder nein! Keine hört mich; alles stille!	Adornaré este árbol, me pondré la soga al cuello, y me ahorcaré, pues la vida me desagrada; buenas noches, negro mundo, que tan mal me tratas y no quieres darme una bella niña. Todo ha acabado, voy a morir, pensad en mí, bellas muchachas. Si alguna quiere, antes de que me cuelgue, apiadarse de este pobre, ¡bueno, lo dejaría por esta vez! Decid únicamente: ¡sí o no! ¡Ninguna me ha oído, qué silencio!

El mira a su alrededor.

Also ist es euer Wille?	¿Eso es, pues, lo que queréis?
Papageno, frisch hinauf!	¡Papageno, ánimo, arriba!
Ende deinen Lebenslauf!	Pon fin a la carrera de tu vida.

El mira a su alrededor.

Nun, ich warte noch, es sei,	Bueno, esperaré, pero sólo
Bis man zählet: eins, zwei, drei.	hasta que cuente uno, dos y tres.

Toca la flauta de Pan.

Eins!	¡Uno!

Mira a su alrededor. Toca.

Zwei!	¡Dos!

Mira a su alrededor. Toca.

Drei!	¡Tres!

Mira a su alrededor.

PAPAGENO (continuato)

Nun wohland, es bleibt dabei,
weil mich nichts zurücke hält;
gute Nacht, du falsche Welt!
Gute Nacht, du falsche Welt!

¡Bien, aquí nos quedamos!
Puesto que nadie me detiene,
¡buenas noches, pérfido mundo!
¡buenas noches, pérfido mundo!

Se dispone a colgarse.

LOS TRES NIÑOS

Halt ein! Halt ein! O Papageno!
Und sei klug, man lebt nur einmal,
dies sei dir genug.

(Descienden suspendidos de lo alto.)

590.   Deténte, oh Papageno,
y sé sabio; se vive una sola vez,
que eso te baste.

PAPAGENO

Ihr habt nun reden, habt gut scherzen;
doch brennt' es auch, wie mich im Herzen,
ihr würdet auch nach Mädchen geh'n.

591.   Habláis bien, bromeáis bien.
Pero si vuestro corazón os quemase como
el mío, también andaríais buscando
muchachas.

LOS TRES NIÑOS

So lasse deine Glöckchen klingen
dies wird dein Weibchen zu dir bringen.

592.   Toca tu carillón,
eso te traerá a tu mujercita.

PAPAGENO

Ich Narr vergass der Zauberdinge!
Erklinge, Glockenspiel, erklinge!
Ich muss mein liebes Mädchen seh'n.

593.   ¡Pero estoy loco!
¡Mis instrumentos mágicos! Repiquetear,
campanillas, quiero ver a mi muchachita.

Saca el carillón.

Erklige Glockenspiel, erklinge!
Ich muss mein liebes Mädchen sehen.

¡Suenen campanitas, suenen!
Yo debo ver a mi querida muchachita.

Los tres niños van a traer a Papagena.
Papageno hace sonar sus campanitas.

Klinget Glöckchen klinget!
Schafft mein Mädchen her!
Klinget Glöckchen klinget!
Bringt mein Weibchen her! ...

Resuena, carillón, resuena!
He de ver a mi querida muchacha.
Sonad, sonad, campanas,
que aparezca mi mujercita...

Los muchachos traen a Papagena.

LOS TRES MUCHACHOS

Nun, Papageno, sieh dich um!

594.   ¡Papageno, mira a tu alrededor!

PAPAGENO
Pa-Pa-Pa-Pa-Pa-Pa-Papagena!

PAPAGENA
Pa-Pa-Pa-Pa-Pa-Pa-Papageno!

PAPAGENO
Bist du mir nun ganz gegeben?

PAPAGENA
Nun, bin ich dir ganz gegeben!

PAPAGENO
Nun, so sei mein liebes Weibchen!

PAPAGENA
Nun, so sei mein Herzenstäubchen!

PAPAGENO, PAPAGENA
Welche Freude wird das sein,
wenn die Götter uns bedenken,
unsrer Liebe Kinder schenken,
so liebe, kleine Kinderlein!

PAPAGENO
Erst einen kleinen Papageno!

PAPAGENA
Dann eine kleine Papagena!

PAPAGENO
Dann wieder einen Papageno!

PAPAGENA
Dann wieder eine Papagena!

PAPAGENO, PAPAGENA
Papageno! Papagena!
Es ist das höchste der Gefühle,
Wenn viele, viele, viele, viele,
Pa-pa-pa-pa-Papageno,
Pa-pa-pa-pa-Papagena,
Der Eltern Segen werden sein.

595. ¡Pa-Pa-Pa-Pa-Pa-Pa-Papagena!

596. ¡Pa-Pa-Pa-Pa-Pa-Pa-Papageno!

597. ¿Ahora eres toda mía?

598. ¡Ahora soy toda tuya!

599. ¡Bien, entonces sé mi mujercita!

600. ¡Bien, entonces sé mi pichoncito!

601. ¡Qué alegría habrá!
Si los dioses conceden
hijos a nuestro amor,
¡niñitos queridos, pequeños y lindos!

602. ¡Primero un pequeño Papageno!

603. ¡Y luego una pequeña Papagena!

604. ¡Y luego otro pequeño Papageno!

605. ¡Y luego otra pequeña Papagena!

606. ¡Papageno! ¡Papagena!
Será la más grande de los dichas,
cuando muchos, muchos
Pa, Pa, Papagenos,
Pa, Pa, Papagenas
sean la bendición de sus padres.

Papageno y Papagena salen.

ESCENA IX.

Ante el Templo. Monostatos y la Reina de la Noche con sus tres damas surgen del suelo.

MONOSTATOS

Nur stille, stille, stille, stille!
Bald dringen wir in Tempel ein.

607. ¡Silencio, silencio!
Pronto entraremos en el Templo.

**LA REINA DE LA NOCHE,
LAS TRES DAMAS**

Nur stille, stille, stille, stille.
Bald dringen wir in Tempel ein.

608.
¡Silencio, silencio!
¡Pronto entraremos en el Templo!

MONOSTATOS

Doch, Fürstinn, halte Wort.
Erfülle dein Kind muss meine Gattin seyn.

609. Pero, Reina ¡mantén tu palabra!
Cúmplela... Tu hija será mi esposa.

LA REINA DE LA NOCHE

Ich halte Wort; es ist mein wille,
mein Kind soll deine Gattin seyn.

610. Yo sostengo mi palabra;
es mi voluntad mi hija será tu esposa.

LAS TRES DAMAS

Ihr Kind soll dein Gattin seyn!

611. Su hija será tu esposa.

Se oye un estruendo lejano y aguas turbulentas.

MONOSTATOS

Doch still, ich höre schrecklich rauschen,
wie Donnerton und Wasserfall!

612. ¡Silencio! Oigo un ruido espantoso,
como de truenos y cascadas.

**LA REINA DE LA NOCHE,
LAS TRES DAMAS**

Ja, fürchterlich ist diese Rauschen,
wie veemen Donners Widerhall!

613.
Sí, son unos ruidos espantosos,
como el eco de un trueno lejano.

MONOSTATOS

Nun sind sie in des Tempels Hallen.

614. Ahora estamos en el Templo.

TODOS

Dort wollen wir sie überfallen,
Die Frömmler tilgen von der Erd
Mit Feuersgluth und mächt'gem Schwert.

615. Aquí vamos a sorprenderles,
a extirpar de la Tierra a los piadosos, con la
espada poderosa y el fuego.

LAS TRES DAMAS, MONOSTATOS

Dir, grosse Königinn der Nacht,
Sey unsrer Rache Opfer gebracht.

616. A ti, gran Reina de la Noche,
sea ofrecido el sacrificio de nuestra venganza.

Truenos, rayos, tempestad.

TODOS

Zerschmettert,
zernichtet ist unsere Macht,
Wir alle gestürzet in ewige Nacht.

SARASTRO

Die Strahlen der Sonne vertreiben
die Nacht, Zernichten
der Heuchler erschlichene Macht.

CORO DE LOS SACERDOTES

Heil sey euch Geweihten!
Ihr drangt durch die Nacht,
Dank sey dir, Osiris und Isis, gebracht!
Es siegte die Stärke, und krönet zum Lohn
Die Schönheit und Weisheit
mit ewiger Kron'

617. Destruido,
      aniquilado está nuestro poder,
      nos hundimos en la noche eterna.
      (Se hunden.)

618. Los rayos del sol expulsan la noche,
      aniquilado está el poder de los hipócritas
      que aquí se habían infiltrado.

619. ¡Gloria a vosotros, iniciados!
      Habéis dominado el poder de la Noche.
      ¡Gracias sean dadas a ti, Osiris, y a ti, Isis!
      ¡La fortaleza ha vencido y en recompensa
      ha coronado a la belleza y a la sabiduría
      con una corona eterna!

F I N

Biografia de Wolfgang Amadeus Mozart

WOLFGANG AMADEAS MOZART cuyo nombre completo era Crysostomus Wolfgangus Theophilus Mozart nació en Salzburgo, Viena el 27 de enero de 1756 y fallewció el 5 de diciembre de 1791 en Viena. Fue el último hijo de Leopóld Mozart, músico y compositor de poca relevancia; su madre se llamaba Anna Maria Pertl, cinco de sus hermanos fallecieron en la infancia y solo sobrevivió su hermana Nannerl. La obra Mozartiana abarca todos los generos musicales de su época, compuso 626 obras, en su mayoria consideradas como obras maestras. A los cuatro años de edad dominaba los instrumentos de teclado y el violín y ya compoñía obras musicales muy apreciadas por la realeza y por la clase aristocrática.

A los diececisiete años fue contratado por la corte de Salburgo de donde fue despedido en 1781 ante lo cual se estableció en Viena en donde alcanzó gran fama que mantuvo el resto du vida.

En enero de 1762, los niños Mozart se presentaron como prodigios musicales ante las cortes de Munich, Viena, y Praga en donde fueron grandemente elogiados, pero no recibiron la compensación económica esperada. En junio de 1763, iniciaron una serie de conciertos que duró tres años se pesentaron en las cortes de Munich, Mannheim, Paris, Londres, La Haya, y Zurich.

En su viaje a Roma en 1770, el Papa Clemente XIV lo nombró Caballero de la Espuela de Oro como reconocimientro al talento musical del joven Mozart que tenia entonces 14 años.

En 1773, Mozart y su padre regresaron a la corte se Salzburgo en donde el joven quedó a las ordenes del arzobispo Hieronimus von Colloredo con quien el joven compositor tuvo series discusiones y además se le había asignado en raquítico salario de 150 florines al año.

Ante esto, Mozart renunció a su puesto de Maestro de Conciertos y se desplazó a Mannheim en donde conoció y se enamoró de Alysia Weber. Al no encontrar trabajo en ésta ciudad, regresó a Paris acompañado por su madre que enfermó gravemente y falleció. En esta ciudad, Mozart tampoco, encontró ofertas de trabajo que le satisficieran ante lo Constanze Weber, hermana menor de Aloysia con quien se casó el 4 de agosto de 1782 sin el consentimiento de su padre. El matrimonio tuvo Seis hijos de los cuales solo dos sobrevivieron: Franz Xaver y Karl Wolfgang.

El último año de vida de Mozart fue el de 1791 durante el cual tuvo una gran productividad, compuso su último opera: *La Flauta Mágica*, dos conciertos, un quinteto de cuerdas el Requiem que quedó inconcluso y La Pequeña Cantata Masónica.

La salud de Mozart se deterioró rápidamente. El 5 de diciembre de 1791, a los doce de la noche, falleció a la edad de 35 años, diez meses y ocho dias. El funeral tuvo lugar en la Catedral de San Esteban. El entierro de Mozart fue de tercera categoría con un costo de ocho florines. El féretro se transladó al cementerio de St. Marx en Viena en el que recibió sepultura en una tumba comunitaria. Al entierro asistieron: Antonio Salieri, Süssmayr, Gottfried Van Swieten, y dos músicos.

Operas de Mozart

Apollo et Hyacinthus	*Il Sogno di Scipione*
Ascanio in Alba	*La Clemenza di Tito*
Bastien und Bastienne	*La Finta Giardiniera*
Betulia Liberata	*La Finta Semplice*
Così Fan Tutte	*Le Nozze di Figaro*
Der Schauspieldirektor	*Lo Sposo Deluso*
Die Entführung aus dem Serail	*L'oca del Cairo*
Die Schuldigkeit des ersten Gebots	*Lucio Silla*
Die Zauberflöte	*Mitridate*
Don Giovanni	*Thamos*
Idomeneo	*Zaide*
Il re Pastore	

Acerca de Estas Traducciones

El Dr. Eduardo Enrique Prado Alcalá nació en 1937 en el norte de México, estudió la carrera de medicina y se especializó en cáncer ginecológico y cáncer de mama.

Ejerció su carrera durante 40 años y finalmente llegó a la edad del retiro.

Desde la edad de 42 años, se hizo aficionado a la ópera y a la música clásica y formó parte de un grupo de amigos aficionados a estas disciplinas. Tuvo la oportunidad de asistir a funciones operísticas en la Ciudad de México, en Guadalajara México, en Toluca México, en Mazatlán México, en Seattle, en Madrid y en Londres. Organizó en la Ciudad de Mazatlán tres conciertos de música clásica, uno de ellos en la catedral.

Jugum Press y Ópera en Español

Prensa publica estas traducciones de ópera por Dr. E.Enrique Prado:

Vincenzo Bellini:
Norma

Georges Bizet:
Carmen

Gaetano Donizetti:
*Anna Bolena, Don Pasquale, Lucia di Lammermoor,
Lucrezia Borgia*

Ruggero Leoncavallo:
I Pagliacci

Pietro Mascagni:
Cavalleria Rusticana

Wolfgang Amadeus Mozart:
Die Zauberflöte, Don Giovanni, Le Nozze di Figaro

Giacomo Puccini:
*La Boheme, La Fanciulla del West, Madama Butterfly, Manon Lescaut, Tosca
El Tríptico: Gianni Schicchi, Suor Angelica, Il Tabarro*

Giacchino Rossini:
Il Barbiere Di Siviglia, La Cenerentola

Giuseppe Verdi:
*Aida, Un Ballo in Maschera, Don Carlo, Ernani, Falstaff, La Forza del Destino,
I Lombardi, Macbeth, Nabucco, Otello, Rigoletto, Simon Boccanegra, La Traviata,
Il Trovatore*

OPERA
EN ESPAÑOL

TRADUCCIÕN Y
COMENTARIOS

Para información y disponibilidad, por favor vea
www.operaenespanol.com
Correo: JugumPress@outlook.com
Siganos en Twitter: @jugumpress
Regístrate para nuestras noticias: http://eepurl.com/5m7tj

www.ingramcontent.com/pod-product-compliance
Lightning Source LLC
Chambersburg PA
CBHW081257040426

42452CB00014B/2540